MARIPOSAS AMARILLAS

MARIPOSAS AMARILLAS

Inez Viana

Tradução por | *Traducción por*
Carolina Virgüez

Sumário

Toda borboleta um dia foi lagarta —
e as asas são únicas,
por Renata Carvalho   9

Revolução do afeto,
por Carolina Virgüez   17

Entre vistas,
por Inez Viana   21

Ficha técnica   29

MARIPOSAS AMARILLAS   31

Glossário   119

Índice

Toda mariposa fue una vez una oruga —
y sus alas son únicas,
por Renata Carvalho   13

Revolución del afecto,
por Carolina Virgüez   19

Entre vistas,
por Inez Viana   25

Ficha técnica   29

MARIPOSAS AMARILLAS   73

Glosario   120

Da esquerda para a direita | *De izquierda a derecha*:
Denise Stutz, Aliny Ulbrich, Damiana Inês, Lux Nègre,
Simone Mazzer e Carolina Virgüez.

Toda borboleta um dia foi lagarta — e as asas são únicas

Quando escutei o nome da obra para a qual iria fazer o prefácio, *Mariposas amarillas* — borboletas amarelas —, imediatamente me lembrei do símbolo da travesti. E no texto, me deparo com a seguinte frase: "Aliás, é o símbolo da Antra."

Antra é a Associação Nacional de Travestis e Transexuais, e seu símbolo é a borboleta, remetendo à sua metamorfose, às suas duas formas de existência. A fase da lagarta (fase "feia", antes da transição) e a em que se torna borboleta (fase bonita, depois da transição), que é o momento do bater de asas e sair voando pelo mundo, característica dessa comunidade, em sua grande maioria, nômade. Da liberdade de ser quem se é, de ser livre.

E se cada uma de nós tem asas únicas — como as digitais —, por que algumas não conseguem voar? Quem tem a possibilidade de voar?

"Não ensinei aos meus filhos que nós podíamos ser livres, não ensinei às minhas filhas que nós podíamos ser livres. Quem é livre?"

Muitas borboletas só voaram quando "ficaram viúvas. Antes, os maridos não deixavam. E todas, sem exceção, tinham o sonho de ser, além de atrizes, bailarinas, pianistas, cantoras, pintoras...". Eles diziam que a arte não é para borboletas decentes. Arte é para as borboletas pervertidas.

O que é preciso acontecer para voarmos?

Os anos em que não podemos voar, trancadas em nós mesmas, é vazio, é "deserto também carregado dentro delas". E elas somos nós: "Todas as histórias são sobre nós."

Nós, mulheres trans e cis, nós "somos irmãs, somos amigas, somos mulheres".

Precisamos dizer às borboletas que elas todas podem voar, que o mundo está aí para ser desbravado.

"As pessoas não estão neste mundo para satisfazer as nossas expectativas, assim como não estamos aqui para satisfazer as delas", escreveu Mario Quintana.

Precisamos ser guardiãs das borboletas para que, ao baterem as asas, mostrem para as outras borboletas que é possível voar alto. Gritemos: "Voem, borboletas...Voem..." A representatividade tem efeito imediato. Quando vemos outras borboletas voando, acreditamos que "eu", "nós" podemos voar também. E cada vez mais juntas, conseguimos alçar voos maiores e coletivos. Porque a mudança precisa ser coletiva.

"A gente vai espalhando por outras coletividades e assim vai vendo tudo florescer..."

Cuidando do nosso jardim, deixando ele florido, arborizado, as borboletas sempre voltam aos montes. "Que dia que lota? Toda sexta-feira."

Nós só estamos realmente livres quando outras borboletas, se assim desejarem, puderem também voar.

"Que a liberdade seja uma ação e não uma palavra."

Feliz em saber que a partir deste livro a editora Cobogó terá obras bilíngues. Será fundamental para a difusão do pensamento artístico e intelectual das Artes Cênicas. Nossas escritas precisam ser acessadas por outras culturas. O mundo necessita conhecer como debatemos as urgências, e mais, nossas proposições de futuros possíveis. Nossos gritos traduzidos em palavras. De como — nós artistas — respondemos ao agora.

O voo de nossas borboletas precisa atravessar os continentes. Evoé Traviarcado.

Travaé TravaSomos.

Renata Carvalho
Atriz, dramaturga e transpóloga

Toda mariposa fue una vez una oruga — y sus alas son únicas

Cuando escuché el título de la obra para la que iba a escribir el prefacio, *Mariposas amarillas*, recordé inmediatamente el símbolo de la travesti. Poco después, encontré en el texto de la obra la siguiente frase: "Es más, es el símbolo de Antra."

Antra es la Asociación Nacional de Travestis y Transexuales, y su símbolo es la mariposa, que remite a la metamorfosis, a sus dos formas de existir. La fase oruga (fase "fea" antes de la transición) y la siguiente, en la que se convierte en mariposa (fase bonita después de la transición), momento en el que sus alas se agitan y vuelan por el mundo; característica de toda una comunidad, que en su mayoría es nómada. Momento de la libertad de ser lo que se es, de ser libre.

Y si cada una de nosotras tiene sus propias alas –como las huellas digitales–, ¿por qué no todas pueden volar? ¿Quiénes pueden volar?

"No enseñé a mis hijos que podíamos ser libres, no enseñé a mis hijas que podíamos ser libres. ¿Quién es libre?"

Muchas mariposas solo pudieron volar cuando "enviudaron. Antes de ello, sus esposos no las dejaban. Y todas, sin excepción, soñaban ser, además de actrices, bailarinas, pianistas, cantantes, pintoras..." Ellos decían que el arte no es para mariposas decentes. El arte es para mariposas obscenas.

¿Qué tiene que ocurrir para que podamos volar?

Los años en los que no podemos volar, en los que nos encerramos en nosotras mismas, son el vacío, son "un desierto que también se lleva dentro". Y ellas somos nosotras: "Todas las historias son sobre nosotras".

Nosotras, mujeres trans y cis, nosotras "somos hermanas, somos amigas, somos mujeres".

Tenemos que decirles a las mariposas que todas pueden volar, que hay todo un mundo que explorar.

"La gente no está en el mundo para satisfacer nuestras expectativas, así como tampoco estamos en él para satisfacer las suyas", escribió Mario Quintana.

Tenemos que ser guardianas de las mariposas, para que cuando agiten sus alas, muestren a las demás que se puede volar alto. Gritemos: "Vuelen Mariposas... Vuelen..." La representatividad tiene un efecto inmediato. Cuando vemos volar a otras mariposas, confirmamos que "yo", "nosotras" podemos volar también. Y mientras más unidas estemos, más seremos capaces de emprender vuelos más altos y colectivos. Porque el cambio tiene que ser colectivo.

"Vamos creciendo entre colectivos y viendo todo florecer..." Al cuidar nuestro jardín, arborizándolo y haciéndolo florecer, hacemos que las mariposas siempre regresen en bandadas." ¿Qué día se llena? Todos los viernes."

Solo seremos realmente libres cuando las demás mariposas, si así lo desean, puedan volar también.

"Que la libertad sea una acción y no una palabra."

Me alegra saber que, a partir de este libro, la Editora Cobogó publicará obras bilingües. Esta acción será fundamental para la difusión del pensamiento artístico e intelectual en el campo de las Artes Escénicas. Es necesario que otras culturas accedan a nuestros textos. El mundo debe conocer cómo discutimos temas urgentes y cuáles son nuestras propuestas para futuros posibles. Nuestros gritos traducidos a palabras. Sobre cómo respondemos, en calidad de artistas, al ahora.

El vuelo de nuestras mariposas necesita cruzar continentes. Evoé Traviarcado. Travaé TravaSomos.

Renata Carvalho
Actriz, dramaturga y transpóloga

Revolução do afeto

Em 2023 recebi o convite de Inez Viana para ser uma das atrizes de *Mariposas amarillas*. Além de conhecer a sua brilhante trajetória como atriz, diretora e dramaturga, acalentava o desejo de estar no palco com ela. Evidentemente, o título do texto completou a magia: sou colombo-brasileira, e trazer Úrsula Iguarán diretamente de Macondo para conversar com Niara do Sol, Márcia, Weskla, Cida, Carminha e com mulheres que ainda procuram seus filhos desaparecidos pelas ditaduras e pela violência nos nossos países tornava esse encontro ainda mais abrangente. O que temos em comum com essas mulheres que fazem do seu cotidiano uma revolução do afeto? Quem são essas mulheres latino-americanas que adubam o deserto com ações transformando terrenos áridos em espaços de escuta e de novas perspectivas? Hoje, tenho a honra e a alegria de trazer para o espanhol as vozes de todas essas mulheres irmãs, cuja única língua é o coração, que se levantam todos os dias na esperança de uma vida mais justa, generosa e afetuosa.

Carolina Virgüez
Atriz e tradutora

Revolución del afecto

En 2023, Inez Viana me invitó a ser una de las actrices de *Mariposas amarillas*. Además de conocer su brillante trayectoria como actriz, directora y dramaturga, albergaba el deseo de estar con ella en el escenario. Por supuesto, el título del texto completó la magia: soy colombo-brasileña y traer a Úrsula Iguarán directamente desde Macondo para hablar con Niara do Sol, Márcia, Weskla, Cida, Carminha y otras mujeres que aún buscan a sus hijos desaparecidos por las dictaduras y por la violencia en nuestros países, hacía que este encuentro fuese aún más amplio. ¿Qué tenemos en común con estas mujeres que hacen de sus vidas cotidianas una revolución del afecto? ¿Quiénes son estas mujeres latinoamericanas que abonan el desierto con acciones, transformando la tierra árida en espacios de escucha y nuevas perspectivas? Hoy tengo el honor y la alegría de traer al español las voces de todas estas mujeres hermanas, cuya única lengua es el corazón, que se levantan cada día con la esperanza de una vida más justa, generosa y afectuosa.

Carolina Virgüez
Actriz y traductora

Entre vistas

Uma ideia me perseguia desde 2019: falar de mulheres que, mesmo invisibilizadas, tornavam o seu entorno melhor. Pesquisando, descobri algumas delas com esse perfil na cidade do Rio de Janeiro, que é onde moro. Então, juntei-me ao videomaker Rodrigo Menezes e começamos a entrevistá-las para que, a partir dessas falas, eu pudesse criar uma dramaturgia sobre o tema. Durante o ano de 2023, fizemos contato e nos encontramos com cada uma, ou com cada grupo delas.

E para que a empreitada fosse um sucesso, algumas pessoas nos ajudaram a chegar até elas — e aqui já faço um agradecimento especial a Tainá de Paula, Indianarae Siqueira, Zahỳ Tentehar e Ricardo Lopes.

As primeiras mulheres foram aquelas com quem eu tinha intimidade — AsMeninasDaGamboa, um coletivo de mulheres 60+ que chegou no Galpão Gamboa, espaço cultural de Marco Nanini e Fernando Libonati, por minha convocação, quando comecei a ministrar, lá, um curso de teatro em 2009. Logo vi arte e potência, e durante 12 anos criamos espetáculos nos quais percebíamos o desabrochar de talentos que incentivavam outras mulheres a seguir o caminho da arte. Hoje, elas continuam fazendo aulas, agora com o professor Luis Antonio Fortes, também ator e produtor da nossa Cia OmondÉ.

Depois, Rodrigo e eu chegamos ao Quilombo Ferreira Diniz, na Glória, onde conversei com Tia Cida, que, com sua famosa feijoada às sextas, ajuda a manter as 12 famílias desse quilombo.

Andando um pouco mais, falamos com Ana Marcia Rodrigues, do Borel, uma Guardiã das Matas, que há vinte anos vem plantando árvores na região da Usina "só para as ruas ficarem mais frescas".

Weskla nos recebeu com um delicioso bolo e café e nos contou que, quando chegou do Ceará, foi acolhida por Indianarae Siqueira na Casa Nem, na Lapa, que criou também o Prepara Nem, um cursinho para que pessoas trans e travestis pudessem estudar para o Enem.

Por fim, chegamos à Cozinha Solidária, onde Gláucia nos mostrou o espaço em que milhares de refeições são feitas e distribuídas para pessoas em situação de vulnerabilidade.

Fez-se o espetáculo, e aqui homenageio as atrizes extraordinárias que o formaram: Aliny, Carolina, Damiana, Denise, Lux e Simone!

Deixo ainda registrada a alegria e a honra de esta publicação ser a primeira dramaturgia da Editora Cobogó bilíngue — ao que agradeço imensamente à tradutora Carolina Virgüez.

Finalmente, desejo que as Mariposas Amarillas sobrevoem esse espaço e uma delas pouse em você, gerando curiosidade para conhecer alguma dessas mulheres. Assim, esse encontro terá feito algum sentido.

Inez Viana
Atriz, diretora teatral e dramaturga

Entre vistas

Desde el 2019, una idea me perseguía: hablar sobre mujeres que, aunque invisibilizadas, hacían que su entorno fuera mejor. Al investigar, descubrí que, en Río de Janeiro, ciudad donde vivo, hay varias mujeres con este perfil. Luego me reuní con el videasta Rodrigo Menezes y empezamos a entrevistarlas para, a partir de sus palabras, crear una dramaturgia sobre el tema. A lo largo del 2023, nos contactamos y nos encontramos con estas mujeres o con el grupo al que pertenecían.

Para alcanzar este propósito, algunas personas nos ayudaron a encontrarlas. Con respecto a esto, me gustaría agradecer especialmente a Tainá de Paula, Indianarae Siqueira, Zahỳ Tentehar y Ricardo Lopes.

Comenzamos las entrevistas con las mujeres más cercanas a mí: *AsMeninasDaGamboa*, un colectivo de mujeres con más de sesenta años que, en el 2009, por invitación mía, llegaron al Galpón Gamboa –espacio cultural dirigido por el actor Marco Nanini y el productor Fernando Libonati–, donde yo impartía un curso de teatro. No tardé en darme cuenta del arte y poder del grupo y, durante 12 años, creamos obras en las que vimos florecer talentos que animaron a otras mujeres a seguir el camino del arte. Actualmente, ellas siguen tomando clases con el profesor Luis Antonio Fortes, también actor y productor de nuestra Cia *OmondÉ*.

Posteriormente, Rodrigo y yo, nos dirigimos al Quilombo Ferreira Diniz, en el barrio Gloria, donde conversé con la Tía Cida, que, con su famosa *feijoada*[1] de los viernes, ayuda a mantener a las 12 familias de este quilombo.

Un poco más adelante, hablamos con Ana Marcia Rodrigues, de la favela del Morro de Borel, una de las Guardianas de los Bosques, que lleva 20 años sembrando árboles en la región de Usina "sólo para que las calles sean más frescas".

Weskla nos recibió con un delicioso pastel y café, y nos contó que cuando llegó del estado de Ceará, fue acogida en la *Casa Nem*[2] en el barrio Lapa por Indianarae Siqueira, quien además creó el *Prepara Nem*, un curso para que personas trans y travestis se preparen para las pruebas del Enem[3].

Por último, llegamos a la *Cozinha Solidária*[4], donde Gláucia nos mostró el local donde se elaboran y distribuyen comidas a miles personas en situación de vulnerabilidad.

Se hizo la obra, y aquí rindo homenaje a las actrices extraordinarias que la conformaron: Aliny, Carolina, Damiana, Denise, Lux y Simone!

También me gustaría dejar constancia de cuán feliz y honrada me siento de que este sea el primer texto teatral bilingüe

---

1. N. de la trad.: Plato tradicional de la cocina brasileña que consiste en un guiso de fríjoles negros con una variedad de carnes de cerdo y de res.
2. N. de la trad.: Centro de acogida para la comunidad LGBTQIAPN+ en Río de Janeiro.
3. N. de la trad.: Examen que da acceso a la educación universitaria en Brasil.
4. N. de la trad.: Ver glosario.

publicado por la Editora Cobogó, y por ello agradezco inmensamente a la traductora Carolina Virgüez.

Por último, espero que las Mariposas Amarillas sobrevuelen este espacio y que una de ellas se pose sobre ustedes, despertando la curiosidad de conocer a una de estas mujeres. Así, este encuentro habrá tenido algún sentido.

Inez Viana
Actriz y directora teatral

Mariposas amarillas estreou dia 29 de março de 2024, no Espaço Cultural Municipal Sérgio Porto, Humaitá, Rio de Janeiro | Mariposas amarillas *se estrenó el 29 de marzo de 2024, en el Espaço Cultural Municipal Sergio Porto, Humaitá, Río de Janeiro, Brasil.*

Direção e Dramaturgia | *Dirección y Dramaturgia*
Inez Viana

Elenco
Aliny Ulbricht, Carolina Virgüez, Damiana Inês, Denise Stutz, Lux Negre, Simone Mazzer

Musicista | *Chelo*
Maria Clara Valle/Gretel Paganini

Direção de produção | *Dirección de producción*
Bem Medeiros, Pedro Bento

Direção de arte | *Dirección de arte*
Carla Costa

Iluminação | *Diseño de iluminación*
Lara Cunha

Direção de movimento | *Dirección de movimiento*
Denise Stutz

Direção musical | *Dirección musical*
Simone Mazzer, Maria Clara Valle

Assistência de direção | *Asistencia de dirección*
Junior Dantas

Assistência de direção de arte | *Asistencia de dirección de arte*
Ananda Almeida

Programação visual | *Diseño gráfico*
André Senna

Fotografia e redes sociais | *Fotografía y redes sociales*
Rodrigo Menezes

Produção executiva | *Producción ejecutiva*
Amanda Gabriela, Gael Affonso

Operação de luz | *Técnica de luces*
Tayná Maciel

Catering
Maria de Lourdes Rodrigues

Assessoria de imprensa | *Difusión*
Catharina Rocha, Paula Catunda

Realização | *Realización*
Eu + Ela Produções, RMNZ Estúdio, Suma Produções

Idealização | *Idealización del proyecto*
Inez Viana, Bem Medeiros

Patrocínio | *Patrocinio*
FOCA 2022

Apoio cultural | *Apoyo cultural*
Teatro Gonzaguinha, Espaço Cultural Municipal Sergio Porto, Liceu de Artes e Ofícios

MARIPOSAS AMARILLAS

de Inez Viana

Antes mesmo do prólogo, elas estão construindo um deserto.

A musicista termina e sai de cena.

Elas seguem.

Prólogo

ATRIZ 1:
Minha avó me vestiu com uma roupa de festa, para eu dançar num evento da escola, mas todas as outras meninas estavam de uniforme. Dancei assim mesmo.

ATRIZ 2:
Minha avó criava porcos em São João de Meriti pra ajudar no sustento da família.

ATRIZ 3:
Minha avó materna tinha uma pensão no Catete. Rua Dois de Dezembro, 25.

ATRIZ 1:
Catete, Catete?

ATRIZ 3:
Sim, Catete.

ATRIZ 4:
Mas ali é Largo do Machado ou Catete?

ATRIZ 3:
Catete.

ATRIZ 4:
Minha avó tinha sinusite.

ATRIZ 1:
Mi abuela, cuando murió, el cuadro que estaba colgado detrás de su cama, se cayó al suelo y se rompió en mil pedazos.

ATRIZ 2:
Minha avó era uma mulher muito respeitada: Mãe Glória. Ela era mãe de santo.

ATRIZ 5:
Minha avó guardava num armário de madeira um doce de leite que ela fazia e que só dava para os netos de fora da cidade. Que era o meu caso. Levava a chave pendurada no pescoço, numa corrente de ouro.

ATRIZ 4:
Minha avó fazia um doce de goiaba muito, muito, muito... ruim.

ATRIZ 2:
Minha avó não era uma pessoa ruim. Ela só tinha medo. Quando brigava com o meu avô, ele a ameaçava com um revólver 38.

ATRIZ 5:
Minha avó me dava biscoito Goiabinha escondida da minha mãe. E o pior é que eu comia.

ATRIZ 3:
Minha avó matava ratazana com uma chaleira de água fervendo, enquanto meus irmãos e eu ficávamos gritando em cima da mesa de jantar.

ATRIZ 5:
Minha avó morreu com 98 anos.

ATRIZ 4:
Minha avó, com 78.

ATRIZ 1:
Minha avó, quando morreu, o quadro que estava pendurado atrás da cama caiu no chão e quebrou em mil pedaços.

ATRIZ 4:
Minha avó me ligou pra dar a notícia da morte do meu pai. Eu estava no interior de São Paulo, excursionando com uma peça. A vontade que eu tive foi de sair correndo, largar tudo. Mas às 8 horas, a cortina abriu e eu entrei em cena.

ATRIZ 1:
Minha avó tomava canja de galinha, por quarenta dias seguidos, depois de parir. Pariu 19 vezes.

ATRIZ 5:
Minha avó abortou 13 vezes.

Cena 1

ATRIZ 6:
Isto é um prólogo de uma peça que já aconteceu. Ela não foi concebida pro palco, e sim pra vida, e inspirou a gente a buscar outras histórias. A gente leu um livro e trouxe uma personagem dele pra cá, a gente ouviu histórias de um deserto... um deserto onde se enterravam corpos torturados. E a gente também descobriu seis lugares aqui onde estão acontecendo coisas fascinantes... e que quase ninguém ouve falar. Esses lugares todos, com essas pessoas, compõem este... encontro.

Que já aconteceu em seis lugares diferentes, mas parecidos... diferentes.

Podemos dividir em seis blocos. Mas, também, a gente não precisa seguir essa regra. Pode-se misturar os lugares, as pessoas, os assuntos... esta peça não existe. Não existe como peça, mas existe como teatro por causa desse encontro com vocês. Como peça não existe, até porque ela já aconteceu. Mas como encontro, sim.

ATRIZ 3:
Só o que resta da peça é a memória dela, igual quando a gente assiste a uma peça. Ela já aconteceu e vai seguir acontecendo fora daqui, e só assim — por mais estranho que pareça — é possível a gente estar aqui hoje. A memória, talvez, vá trair a gente um pouco, natural, mas a gente está aqui pra contar pra vocês sobre a experiência que a gente viveu nesses lugares. Sobre mulheres inspiradoras.

ATRIZ 6:
Sobre as vidas das pessoas que moram aqui, no Rio de Janeiro, mas é como se não morassem. Ninguém presta atenção nelas. Ninguém sabe a rede de proteção que elas fazem para outras pessoas. Ninguém vê suas asas. Esta peça, que já aconteceu, começou com uma entrevista.

ATRIZ 3:
Parece contraditório, mas vocês vão ver que é assim mesmo: contraditório.

ATRIZ 4:
A gente entrevistou várias mulheres, de várias coletividades do Rio de Janeiro, que é onde a gente está. E, mesmo se esta peça, entre aspas, estiver acontecendo em algum outro lugar, ela sempre vai estar falando do Rio, porque as entrevistas que a gente fez foram feitas em seis lugares daqui, então não tem jeito. Mas vocês vão ver que poderiam ser histórias de muitos outros lugares... até de fora do Brasil. Ah! Tem também a personagem do livro e a Mulher do Deserto. Se a gente tem alguma coisa em comum? É no espanto que a gente vive!

Cello.

Cena 2

ATRIZ I/ÚRSULA:

Úrsula me deram como nome — Úrsula Iguarán —, mas não me disseram que eu viveria mais de cem anos. Entre 115 e 122 anos. Quando eu morri, fui enterrada numa caixinha um pouco maior que uma cesta e pouca gente foi ao meu enterro porque quase ninguém se lembrava mais de mim, apesar d'eu ter atravessado sete gerações. Mas é assim mesmo que acontece, né? Quanto mais se vive, mais se esquecem da gente. [*fim do cello*] Mais a gente vai ficando num canto, tipo um móvel, que ninguém nem olha e vai enchendo de poeira. A gente só vive na memória de alguém...

Aqui estou, cega, e ninguém percebe, porque sei me mover por todos os caminhos deste lugar, e sei que uma ventania vai chegar depois da minha morte, consigo sentir o cheiro, a poeira vai cobrir tudo isto aqui. E a gente não vai ter uma segunda chance sobre a terra, apesar d'eu achar que merecemos. Tanto trabalho pra gente ser coberta assim, sem mais nem menos?

Aqui estou, colombiana, brasileira, latino-americana, sendo arrastada, ciente do meu limite, sei que não posso cruzar fronteiras de bicicleta, não posso pedalar livremente por aí... nunca pude... Quem é livre? Quem pode?

Não ensinei aos meus filhos que nós podíamos ser livres, não ensinei às minhas filhas que nós podíamos ser livres. Quem é livre? Quem pode?

Aqui estou, entre vocês, que pensam que eu enxergo do jeito que vocês enxergam. Que pensam que não posso atravessar os tempos imemoriais. Que pensam que o tempo passa... Não, o tempo não passa, ele gira em círculos.

Cena 3

ATRIZ 2:
MAR, MAR, MAR... A primeira entrevista foi no MAR, Museu de Arte do Rio, no Centro, na praça Mauá. Lá, a gente entrevistou AsMeninasDaGamboa. Dez meninas, mas no total são 15. A gente ficou de voltar para entrevistar as outras cinco, só que não conseguiu ainda. Muito ensaio, muitas tarefas pedidas pro dia seguinte, muita composição... Enfim, elas estavam lá porque o Galpão Gamboa, onde elas começaram há 12 anos, estava em obras. Toda semana cada uma leva um pratinho de salgado ou de doce pra comerem depois da aula. É uma hora de aula e duas de festa!

ATRIZ 1/ÚRSULA:
Todas as histórias são sobre nós: Nélida Piñon, Isabel Allende, Conceição Evaristo, Lygia Fagundes Telles, Sor Juana Inés de la Cruz, Leda Maria Martins, Cida Bento, Ana Maria Gonçalves, Lélia González, Silvina Ocampo, Eliane Potiguara, Hilda Hilst, Carolina Maria de Jesus, Amara Moira, Socorro Acioli e tantas outras... Aqui estou eu, citando de memória apesar de confundir os tempos. É preciso construir um mundo "onde ninguém possa decidir pelos outros até mesmo a forma de morrer".[1] Aqui estou, vendo fantasmas tão vivos na minha frente, com ânsia de vômito.

ATRIZ 5:
Coitada da tataravozinha, morreu de velhice...

---

1. Trecho do discurso de Gabriel García Márquez na ocasião da aceitação do prêmio Nobel de literatura, em 1982.

ATRIZ 1:
Estou viva!

ATRIZ 4:
Olha só, nem sequer respira...

ATRIZ 1:
Estou falando!

ATRIZ 5:
Nem sequer fala... morreu como um passarinho...

ATRIZ 1:
Meu Deus, quer dizer que isso é a morte?

Cena 4

ATRIZ 3:
AsMeninasDaGamboa têm entre 65 e 87 anos e são moradoras da Gamboa e do Santo Cristo. Ao longo desses 12 anos, três já faleceram: Pipi, Uiara e Cida.

ATRIZ 2:
Algumas delas começaram a fazer teatro quando ficaram viúvas. Antes, os maridos não deixavam. E todas, sem exceção, tinham o sonho de ser, além de atrizes, bailarinas, pianistas, cantoras, pintoras... mas alguns maridos as proibiam de fazer qualquer coisa ligada à Arte.

ATRIZ 5:
Arte não é para mulheres decentes. Arte é para as pervertidas.

ATRIZ 2:
Depois que eles morreram, elas puderam realizar seus sonhos.

ATRIZ 4:
Mas nenhuma delas é uma mulher pervertida, ainda que não haveria problema algum se fossem.

ATRIZ 3:
Elas dão orgulho às filhes, netes e até bisnetes quando se apresentam nas peças de final de ano.

Cena 5

ATRIZ 6/MARCIA:
Há vinte anos, eu planto árvores. Nunca sozinha. Até plantei uma só, uma taperebá, que veio da Amazônia, mas foi a única. Meu sonho é um dia ganhar uma semente de sumaúma e plantar aqui também. Já pensou? Viver por quinhentos anos? Depois convenci, aqui, as minhas colegas do morro do Borel a plantarem comigo, sabe por quê? Pra ficar mais fresco... Tá muito quente... Quando você chega na praça Saens Peña, parece até que entra numa estufa, aí vai subindo pra Usina e já sente a diferença. Até ventinho tem. Foi a gente, há vinte anos plantando árvores e colhendo frescor. Ganhei até um título: Guardiã das Matas! Ensinei, também, as crianças daqui e agora elas são as guardiãs mirins... A gente vai espalhando por outras coletividades e assim vai vendo tudo florescer... Fora as frutas que vão caindo, cada uma em uma época, atraindo os passarinhos, coisa mais linda. Eu e Rosângela, minha vizinha, plantamos uma pitangatuba na frente da casa dele. Ele ficou uma fera. Aqui não é lugar pra fazer buraco, quando vocês virarem as costas vou arrancar tudo, vocês vão ver! Arranca! Arranca! Mas arranca na nossa frente, que quero ver. [*pausa*] Apaixonou na hora!

ATRIZ 5:
Dá-lhe, Marcia!

TODAS:
Uhuuuul! Dá-lhe!

ATRIZ 6/MARCIA:
A gente se casou, teve uma filha, a Milena, minha vida, que só viveu com o pai até os 4 anos, depois ele pegou a bicicleta e sumiu no mundo. Ele é livre... Nunca mais... Eu não sinto falta, não, homem porco. Mas ela acha ele a coisa mais linda do mundo! Deixo achar... Por que o pai ainda não voltou? Ah, porque ele está trabalhando... Onde? Longe. Longe onde? Não sei, Milena, minha vida, longe. Longe onde? Longe, muito longe. E ele volta quando?

Elas aquecem as vozes, como numa orquestra.

Cena 6

ATRIZ 1:
Carminha foi casada com Álvaro por 53 anos. Sonhava em ser concertista, aprendeu a tocar piano aos 5 anos, porque o avô tinha ganhado numa rifa um piano de armário, mas quando se casou com o Álvaro teve que parar de tocar, a música lhe dava enxaqueca. Não houve plasma, chá que desse jeito! Nada adiantava! Lembro que saí dessa entrevista muito mexida... Fui do MAR à Cinelândia, cruzando praticamente toda a avenida Rio Branco, martelando: será possível que ela acreditava mesmo nessa história?

ATRIZ 5/CARMINHA:
Coitado... coitado... A música doía muito nele. Não podia ouvir nem um acorde de sol que já pedia pra eu parar de tocar. Fiquei com pena. Parei. [*pausa*] Quando ele morreu, 53 anos depois que a gente se casou, corri pro piano, que viveu esse tempo todo coberto com uma toalha de mesa, sem respirar direito. Tirei os bibelôs que lhe enfeitavam a parte de cima, abri a tampa e toquei. [*pausa*] Mas os dedos não ajudaram... muito tempo... Acho que ele tinha razão, eu devia tocar muito mal mesmo... Não consegui nem terminar a "Melodia Sentimental". Sabe qual é, Simone, "Melodia sentimental", do Villa?

ATRIZ 6:
Lembro... linda... [*pausa. Canta, desafinada*] "Acorda, vem ver a lua/ que dorme na noite escura."

ATRIZ 5/CARMINHA:
Essa aí... Meu velho amigo de madeira também sentiu o peso dos anos, estava tão desafinado.

ATRIZ 1/PIANO:
Ai, cuidado, aperta devagar, tudo dói... Em silêncio há 53 anos, sem respirar direito, com uma toalha horrorosa em cima de mim, bibelôs cafonas na minha cabeça. Ai, ai, ai! Minha voz está horrível, calma com esses dedos, ai, ai, ai, está doendo... tudo dói. Para! Está doendo... Para! Para! Para! Para! Para! Parou.

ATRIZ 5/CARMINHA:
Vendi o piano.

ATRIZ 1/PIANO:
Graças a Deus!

ATRIZ 5/CARMINHA:
Aí soube desse curso de teatro aqui! Já faz nove anos... Sempre me senti artista. Todo final de ano a gente faz uma montagem de uma peça com o professor Tuninho e a professora Elisa, e no ano que eu entrei, adivinhem qual foi minha personagem? Uma pianista. Tocava um piano imaginário [*cello toca intro "Melodia sentimental"*], fazia uma dança linda com os dedos.

ATRIZ 4:
Será que é preciso esperar maridos morrerem para que belezas sejam criadas?

ATRIZ 6:
[*cantando*]
"Acorda, vem ver a lua
Que dorme na noite escura
Que fulge tão bela e branca
Derramando doçura."

Cena 7

ATRIZ 4/MULHER DO DESERTO:
No hay baile! No se puede bailar. Não se pode dançar. Não se pode dançar no deserto. Não se pode dançar no deserto do Atacama. Não se pode dançar no deserto do Atacama, no Chile. Não se pode dançar no deserto do Atacama, no Chile, onde Pinochet torturou, matou e enterrou milhares de corpos durante a ditadura. Lá, mulheres procuram na imensidão das areias, na imensidão das roupas amontoadas, o lixo do mundo, os ossos de seus filhos, filhas, parentes, que se confundem com conchas enterradas no deserto... Elas vão separando num saquinho plástico transparente: um pedaço da tíbia, um pedaço da costela, um pedaço do maxilar, um pedaço do úmero, um pedaço da mandíbula, um pedaço do crânio, um pedaço do osso lacrimal... o osso lacrimal é o osso mais frágil de todos, mas que tem a função de abrigar o saco lacrimal, um ossinho que forma o septo e que divide os dois lados da cavidade nasal.

Os *lacrimale*!

Já foram vivos esses ossos. Já riram, vibraram, choraram, lutaram, treparam, pariram... E hoje torcem pra que sejam achados, pra que suas histórias sejam contadas, pra que nunca se esqueça, pra que nunca mais aconteça!

Essa ação é que traz algum cotidiano possível pra essas mulheres desse deserto, deserto também carregado dentro delas. Isso é o que dá sentido às suas próprias existências. E às existências das Madres e Abuelas de La Plaza de Mayo, que há quarenta anos procuram por suas filhas e filhos, netas e netos, sequestrados ou mortos pela ditadura argentina; às existências das Mães de Acari, conhecidas no mundo inteiro por sua determinação, coragem e ousadia de irem em busca de justiça e da memória dos filhos que foram sequestrados, assassinados, nunca encontrados... mas jamais esquecidos. Uma busca que pode levar vinte anos... quarenta anos... uma vida inteira... ou seis anos... pra gente começar a entender um assassinato, mas a gente vai chegar lá, porque a gente não desiste. Essas mulheres nos inspiram e, como elas, a gente vai continuar buscando respostas... por horas, dias, meses, anos, procurando... procurando... procurando... juntas, em absoluta solidão.

Cena 8

ATRIZ 3:
Pesquisando sobre o lugar de origem das borboletas amarelas, apareceu no Google: Borboletas contêm os olhos de Deus e por isso são consideradas suas espiãs. Mas as borboletas amarelas, aqui, no caso, não têm os olhos de Deus. Tem os olhos do amor. Ah, Lux, mas Deus não é amor? [*pausa*] Elas tanto podem sobrevoar esse espaço como pousar em vocês. E isso vai gerar uma epifania. Pelo menos uma de vocês vai sair daqui com vontade de conhecer alguma das mulheres de quem a gente tá falando. A gente espera muito que isso aconteça hoje, aqui. Só assim, esse encontro vai fazer sentido.

ATRIZ 4/MULHER DO DESERTO:
Falar das mulheres desse deserto é lembrar também das mulheres aqui, no Rio — borboletas que vão pousando e espalhando o pólen por onde passam. Elas vão voando, voando, sem ninguém enxergar, mas vão deixando, por onde atravessam, um rastro luminoso.

ATRIZ 2:
A borboleta amarela é um símbolo da transformação das diferentes fases da vida. Ela representa prosperidade, alegria e mudanças positivas. E também representa o espírito em muitas culturas dos povos originários. Uma lenda diz que se você sussurrar seus desejos para uma borboleta, eles serão levados para o Grande Espírito para que se tornem realidade.

Cena 9

ATRIZ 6/MARCIA:

Quando eu entrei na Aldeia Vertical, vi uma alameda comprida, enorme, com muitas árvores frutíferas dos dois lados. Elas ficavam juntas, aglomeradas, uma entrando na outra, quase. Não deu pra entender nada. A Niara do Sol me contou que esse é um jeito bonito de plantar porque ajuda o solo a sempre se renovar. E isso ajuda, também, as 52 crianças que moram ali, porque elas aprendem a semear e já sabem distinguir as frutas dos legumes. Disse que um parente famoso vive alertando: "A temperatura tá subindo muito rápido, a gente precisa se voltar pra terra, ouvir a terra." A Niara me mostrou a rádio Yandê, produzida lá mesmo, que "ajuda a difundir a cultura indígena através do seu próprio ponto de vista." Vocês podem ouvir pelas plataformas digitais, viu? De graça. Entrei em seu apartamento térreo pra ver sua coleção de objetos vindos de várias aldeias e, quando ela sentou-se pra conversar comigo sobre as diferentes formas de se plantar, tinha uma luz tão linda que pedi pra tirar uma foto. Atrás, tinha um quadro que era um desenho de uma borboleta, mas isso eu só vi depois, quando fui separar a foto pra mostrar pra vocês. Ela me disse que o pai, até hoje, com 98 anos, põe o ouvido no chão e sabe quantas pessoas vão chegar. E que ela achava água quando era criança e, aonde vai, deixa uma planta no lugar. Ainda me deu um conselho: Marcia, quando você não acordar bem, não cozinha para ninguém porque a comida vai fazer mal. Antes de sair, perguntei: Niara, o que significa, pra você, sonhar com borboleta? "Espiritualidade, é como se você tivesse precisando despertar. E ó, tome cuidado com o tal do papel, o homem coloca nele o que quer, não o que é."

Simone bocca chiusa.

Cena 10

ATRIZ 1:
Sonhar com borboleta, além de espiritualidade, é sinal de bom presságio, muito amor e felicidade se aproximando em sua vida. Por isso, anotem os números: grupo 4, dezenas 13, 14, 15 e 16. Anotaram?

TODAS:
Axé!

ATRIZ 1:
Borboletas têm sido as puxadas mais fortes!

Cantam o jongo "Axé de langá".

Oi, langa, que tipoi langa
Didianga me
langa, langa que tipoi langa
Didianga me (2×)

Cena 11

ATRIZ 4:
Dizem que ser borboleta é conhecer a importância do tempo.

ATRIZ 3/WESKLA:
O tempo pra mim urge. [*cello*] Começou a contar quando fui expulsa de casa, em Sobral, no Ceará. Só pensava: a educação é que pode mudar a ignorância, que é pai do preconceito. Cheguei ao Rio... [*alguém grita: "Corre, Weskla!"*] Cheguei ao Rio, perambulei, óbvio, fome, óbvio, violência, óbvio. Até que encontrei a Casa Nem, que já conhecia através da internet e da Indianarae Siqueira, que me deu acolhida e suporte. Segue dando... [*alguém grita: "Corre, Weskla!"*] Segue dando pra muitas de nós... Ela é uma potência e a Casa Nem é um lugar babadeiro!! Todas se ajudam... [*alguém grita: "Corre, Weskla!"*] Todas se ajudam. Já fomos despejadas várias vezes, a polícia vem, sirenando, pra tirar a gente daqui. Corre, Weskla! Corre! Corre, Weskla! Corre! Corre, Weskla! Corre! Corre, Weskla! Corre. Uma gritaria... levam a gente, batem na gente, soltam a gente... quando não matam a gente. E a vida segue, sem ninguém se importar. Por isso... [*alguém grita: "Corre, Weskla!"*] Por isso, é importante a mobilização. E tem que estudar. Só a educação muda a vida. Indianarae inventou o Prepara Nem, um cursinho pro ENEM que fica ao lado do Castelinho, lá no Flamengo, e tem também na Maré, que faz a gente sonhar com o dia em que a ignorância vai dar lugar ao acolhimento. A gente precisa é de oportunidade! Graças ao Prepara Nem, hoje estou no mestrado. Podem aplaudir!

Cello.

Cena 12

ATRIZ 2:
Minha avó fazia o melhor pavê do mundo.

ATRIZ 5:
Mi abuela hacía el mejor arroz con leche del mundo.

ATRIZ 3:
Minha avó fazia a melhor canjica de amendoim do mundo.

ATRIZ 4:
Minha avó tinha o sorriso mais fofo do mundo.

ATRIZ 1:
Minha avó usava dentadura.

ATRIZ 6:
Minha avó teve um filho preso pela Ditadura Militar.

ATRIZ 4:
Minha avó teve um filho alcóolatra.

ATRIZ 3:
Mi abuela tuvo un hijo que se suicidó.

ATRIZ 5:
Minha avó teve um neto que se suicidou.

ATRIZ 1:
Minha avó foi acordada numa madrugada de 1948 para reconhecer o corpo do marido, assassinado por um tiro, enquanto apartava uma briga entre dois homens. Dois meses antes, o candidato à presidência da Colômbia, Jorge Eliécer Gaitán, foi assassinado a sangue-frio no centro de Bogotá. Este fato é fundamental para entender a história do conflito armado na Colômbia.

ATRIZ 4:
Minha avó se apaixonou pelos olhos azuis do meu avô. Mas não teve nenhum filho de olhos azuis. E teve 19.

ATRIZ 6:
Minha avó lia romances de cavalaria. Colocou o nome da filha em homenagem a uma personagem triste, que sofria muito.

ATRIZ 2:
Minha avó me deixou um segredo que uso até hoje na feijoada.

Cena 13

ATRIZ 2/TIA CIDA:
Toda sexta-feira isto aqui lota... A fila desce até o começo da Cândido Mendes, por causa da minha feijoada, considerada a melhor do Rio!

ATRIZ 1:
Que dia lota?

ATRIZ 2/TIA CIDA:
Toda sexta-feira.

ATRIZ 4:
Qual o endereço?

ATRIZ 2/TIA CIDA:
Rua Cândido Mendes, 320, Glória.

ATRIZ 6:
Tem desconto?

ATRIZ 2/TIA CIDA:
Dez por cento de desconto.

ATRIZ 3:
Qual o nome do quilombo?

ATRIZ 2/TIA CIDA:
Quilombo Ferreira Diniz.

ATRIZ 5:
O casarão é de que ano?

ATRIZ 2/TIA CIDA:
De 1912.

ATRIZ 4:
Quantos anos tem o quilombo?

ATRIZ 2/TIA CIDA:
Mais de setenta anos.

ATRIZ 5:
E vocês vieram pra cá quando?

ATRIZ 2/TIA CIDA:
Há 25 anos.

ATRIZ 3:
Você tem filhos?

ATRIZ 2/TIA CIDA:
Tenho dois filhos lindos.

ATRIZ 1:
Tem desconto?

ATRIZ 2/TIA CIDA:
Dez por cento de desconto.

ATRIZ 4:
Vocês têm o certificado?

ATRIZ 2/TIA CIDA:
Só em 2023 a gente conseguiu o certificado.

ATRIZ 5:
Quantas famílias moram aqui?

ATRIZ 2/TIA CIDA:
Doze famílias.

ATRIZ 6:
Que dia que lota?

ATRIZ 2/TIA CIDA:
Toda sexta-feira.

ATRIZ 3:
E o pai dos seus filhos?

ATRIZ 2/TIA CIDA:
Sumiu no mundo. [*Simone ri*]

ATRIZ 4:
Há quanto tempo vocês estão aqui?

ATRIZ 2/TIA CIDA:
Há 25 anos.

ATRIZ 1:
Tem que chegar cedo?

ATRIZ 2/TIA CIDA:
Tem sim. A fila está indo até o começo da Cândido Mendes.

ATRIZ 6:
Ainda bem que você é calma...

ATRIZ 2/TIA CIDA:
Que nada... Eu gosto de agitar!

ATRIZ 4:
Qual o nome do quilombo?

ATRIZ 2/TIA CIDA:
Quilombo Ferreira Diniz.

ATRIZ 5:
Como as pessoas estão descobrindo o quilombo?

ATRIZ 2/TIA CIDA:
Por causa da minha feijoada.

ATRIZ 4:
E o pai dos seus filhos?

ATRIZ 2/TIA CIDA:
Sumiu no mundo. [*Simone ri*]

ATRIZ 1:
De que ano é o casarão?

ATRIZ 2/TIA CIDA:
De 1912.

ATRIZ 6:
Não deve ser fácil cuidar disso tudo aqui sozinha...

ATRIZ 2/TIA CIDA:
É o que eu sempre digo: a gente tem que cuidar do que é nosso.

ATRIZ 4:
E como é que as pessoas descobriram esse quilombo?

ATRIZ 2/TIA CIDA:
Por causa da minha feijoada. A comida une as pessoas.

ATRIZ 5:
E como as pessoas ficaram sabendo do quilombo?

ATRIZ 2/TIA CIDA:
Por causa da minha feijoada. E também por causa de uma entrevista que eu dei.

ATRIZ 3:
E os clientes aumentaram?

ATRIZ 2/TIA CIDA:
Menina, de cinquenta foram pra 250!

ATRIZ 5:
E o pai dos seus filhos?

ATRIZ 2/TIA CIDA:
Sumiu no mundo. [*Simone ri*] Será que combinou com o seu marido, Marcia?

ATRIZ 6:
Até parece que isso é raro, né, Cida?

ATRIZ 2/TIA CIDA:
Mas quer saber? Pra mim, foi um alívio... me libertei!

ATRIZ 1:
E sua família?

ATRIZ 2/TIA CIDA:
Meu pai morreu e deixou minha mãe com cinco filhos pequenos em Minas Gerais.

ATRIZ 5:
E depois?

ATRIZ 2/TIA CIDA:
Depois a gente veio pro Rio e minha mãe exigiu que eu estudasse. Ainda bem!

ATRIZ 6:
Com quantos anos você começou a estudar?

ATRIZ 2/TIA CIDA:
Com 21 anos. Depois que eu tive meu segundo filho.

ATRIZ 3:
O que seus filhos fazem?

ATRIZ 2/TIA CIDA:
Eles trabalham com teatro.

ATRIZ 4:
Você já foi ao teatro?

ATRIZ 2/TIA CIDA:
Fui ver meu filho atuar.

ATRIZ 3:
Você já foi ao teatro?

ATRIZ 2/TIA CIDA:
Fui ver meu filho atuar. O melhor ator que já vi em cena.

ATRIZ 5:
Você já foi ao teatro?

ATRIZ 2/TIA CIDA:
Fui ver meu filho atuar. E levei todo mundo do quilombo pra assistir.

ATRIZ 1:
De onde vem essa vocação?

ATRIZ 2/TIA CIDA:
Puxou à mãe! Além de cozinheira, também sou atriz.

ATRIZ 4:
E o pai dos seus filhos?

ATRIZ 2:
Sumiu no mundo. [*Simone ri*]

ATRIZ 1:
E o pai dos seus filhos?

ATRIZ 2/TIA CIDA:
Sumiu no mundo. [*Simone ri*]

ATRIZ 5:
E o pai dos seus filhos?

ATRIZ 2/TIA CIDA:
Sumiu no mundo. [*Simone ri*]

ATRIZ 3:
E o pai dos seus filhos?

ATRIZ 2/TIA CIDA:
Sumiu no mundo. [*Simone ri*] Pegou a bicicleta e... Ele é livre.

Simone toca castanholas.

Cena 14

ATRIZ 5:
"Somos irmãssss, somos amigassss, somos mulheressss."

ATRIZ 1:
Que diabo é isso?

ATRIZ 5:
Vocês não veem novela, não?

ATRIZ 1:
A gente vê, e como.

ATRIZ 6:
Essa frase ficou famosa por causa do chiado. Morro de rir toda vez que alguém lembra. Virou meme, até meme-remix.

ATRIZ 1:
Na hora que vou picar os legumes pros pratos do dia seguinte, já me sento com a bacia na frente da TV: é novela das 6, das 7, das 8, que é o *JN*, das 9. Mas não me lembrava do diabo dessa frase.

ATRIZ 5:
Ainda bem que tem muita novela, senão a gente não dava conta, não. Outro dia, eu descobri que aqui, na cozinha solidária, já foram feitas mais de 2 milhões e meio de refeições para pessoas em situação de vulnerabilidade social. Nem conseguia falar essa palavra: vulnerabilidade!

ATRIZ 3:
Pois é, e a gente tá aqui, distribuindo almoços gratuitos. E sabem quantas cozinhas solidárias estão espalhadas pelo Brasil? Quarenta e sete. É pouco? É. Mas já é alguma coisa.

ATRIZ 1:
Vamos aumentar esse número! Doando mais, a gente faz mais. Mas a gente depende das contribuições pra fazer mais marmitas.

ATRIZ 4:
Minha sobrinha Mariana quer ajudar. Estão precisando de voluntária?

ATRIZ 5:
Sempre!

ATRIZ 1:
Ela pode ajudar na formação das filas! As crianças menores a gente coloca logo pra dentro, pra brincar com os joguinhos.

ATRIZ 2:
E eu posso ficar na organização das marmitas e seguir entregando também. Aliás, outro dia, fiquei comovida. Fui entregar a marmita pra um senhorzinho e perguntei o nome dele, como sempre faço. Aí ele disse: "Puxa... há quanto tempo ninguém pergunta o meu nome."

ATRIZ 3:
Pra além da comida, a cozinha tem o elemento do sonho, da acolhida, do ser gente, da mudança. Por isso, a gente entende que servir a comida é apenas uma das tarefas.

ATRIZ 6:
Toda vez que a gente tá servindo a sopa, chega uma criança em mim ou nas outras companheiras e pede pra repetir, dizendo que é o jantar. A gente sabe que essa é a única refeição que ela vai fazer no outro dia. Por isso, não dá pra parar...

ATRIZ 4:
Ouvi dizer que numa das cozinhas solidárias de Fortaleza eles estão fazendo oficinas culturais, como capoeira, pintura. Será que a gente também não consegue fazer isso aqui na Lapa?

ATRIZ 1:
Claro! Tenho pensado numa atividade de leitura pras crianças, aí elas já fazem o combo completo: lanche + livro.

Pausa.

ATRIZ 1/ÚRSULA:
Úrsula me deram como nome — Úrsula Iguarán —, mas não me disseram que eu viveria mais de cem anos. Entre 115 e 122 anos. Sou uma mulher atemporal. Nunca fui submissa a qualquer tipo de pessoa. Encarei de peito aberto militares e empresários, charlatões e homens muito maiores que eu. Sou uma mulher de nervos inquebrantáveis, pareço estar em todas as partes do amanhecer até a alta noite. Sou uma mulher resistente e de fibra, nunca deixei a peteca cair, até os últimos momentos de minha velhice. Não importa se eu sou apenas uma personagem, o que importa é que vou encarando os dilemas que a cada nova página e nova geração chegam pra mim.

Cena 15

A entrevista

1) Você já sonhou com borboleta?

WESKLA:
Quer um café?

MULHER DO DESERTO:
Não. Sonho em achar uma ossada completa.

CIDA:
Nunca sonhei... Mas a mulher leva a notícia, ilumina a vida das outras.

ÚRSULA:
Tem biscoitinhos com doce de goiaba, quer?

MARCIA:
Quer suco de manga ou tangerina? Pode escolher.

CARMINHA:
Difícil eu sonhar...

ÚRSULA:
Vejo toda hora... uma desgraça... são milhares...

WESKLA:
Fiz um bolinho também. Quer?

MARCIA:
Vejo demais, aqui tem muitas... e sempre amarelas.

MULHER DO DESERTO:
Quer água?

WESKLA:
Sim! Pra mim, significa liberdade, transformação... Aliás, é o símbolo da Antra.

CIDA:
Tem feijoada, quer?

CARMINHA:
Fiz quibe de forno, quer?

2) O que você mais gostava de fazer quando era criança?

TIA CIDA:
Tomar banho de mangueira.

MULHER DO DESERTO:
Quando eu era criança? Ih... não me lembro...

ÚRSULA:
Nunca fui criança.

WESKLA:
Gostava de brincar de cantar numa banda.

MARCIA:
Plantava flores-do-campo.

CARMINHA:
Fazia boneca de espiga de milho.

3) Quais são os seus sonhos?

MARCIA:
Quero terminar minha faculdade, que parei depois da morte da minha filha. Queria ser juíza, pra fazer os pais pagarem pensão.

WESKLA:
Sonho com muitas casas de acolhimento pelo Brasil.

TIA CIDA:
Queria trabalhar como atriz. Sou formada pela Escola de Teatro Martins Pena, mas tive que abrir mão pra criar meus filhos. Um se formou ator, isso pra mim é um sonho realizado.

CARMINHA:
Fazer um concerto no Theatro Municipal, mas num piano imaginário.

MULHER DO DESERTO:
Que nunca mais aconteça. Que a liberdade seja uma ação e não uma palavra.

ÚRSULA:
Sonho em ter um *spin-off: A vida de Úrsula depois da morte.*

4) Você acha que mulheres podem mudar a vida de um lugar?

MULHER DO DESERTO:
Devem!

ÚRSULA:
Sempre mudaram.

TIA CIDA:
Acho que podem.

WESKLA:
Podem, inclusive, mudar a mentalidade de um lugar.

MARCIA:
Eu já mudo, há vinte anos...

CARMINHA:
Seria tão bom...

ÚRSULA:
A gente vai fazendo... se desfizerem, a gente recomeça.

Cena 16

Simone canta. Cello (Las Hermanas).

ATRIZ 6:
Isto é uma peça que já aconteceu. Ela não foi concebida pro palco, e sim pra vida, e inspirou a gente a buscar outras histórias. A gente trouxe uma personagem de um livro pra cá, a gente ouviu histórias de um deserto onde enterravam corpos torturados. E a gente também descobriu seis lugares aqui onde estão acontecendo coisas fascinantes… e que quase ninguém ouve falar… Esses lugares todos, com essas pessoas e com vocês, compõem este encontro. [*cello para*] Encontro que nos dá coragem pra seguir, radicalmente vivas. [*final de Las Hermanas*]

Em fade-in, entra o vallenato "Mercedes".

Todas dançam e saem de cena.

FIM

ESPAÑOL

MARIPOSAS AMARILLAS

de Inez Viana

Traducción de
Carolina Virgüez

Antes del prólogo, ellas construyen un desierto.

La instrumentista termina de tocar y sale de escena.

Ellas continúan.

Prólogo

ACTRIZ 1:
Mi abuela me puso un vestido de fiesta, para que yo bailara en un evento del colegio, pero las demás niñas estaban de uniforme. De todos modos, bailé.

ACTRIZ 2:
Mi abuela criaba cerdos en São João de Merití, para ayudar a mantener la familia.

ACTRIZ 3:
Mi abuela materna tenía una pensión en el barrio Catete. En la Calle Dos de Diciembre, 25.

ACTRIZ 1:
¿En Catete, Catete?

ACTRIZ 3:
Sí, en Catete.

ACTRIZ 4:
¿Pero eso es Largo do Machado o Catete?

ACTRIZ 3:
Catete.

ACTRIZ 4:
Mi abuela tenía sinusitis.

ACTRIZ 1:

Minha avó, quando morreu, o quadro que estava pendurado atrás da cama, caiu no chão e quebrou em mil pedaços.

ACTRIZ 2:

Mi abuela era una mujer muy respetada: Mamá Gloria. Era Santera.

ACTRIZ 5:

Mi abuela guardaba en una alacena de madera un frasco de dulce de leche que ella preparaba, y que sólo les daba a los nietos que vivían fuera de la ciudad. Era el caso mío. Se colgaba la llave en el cuello con una cadena de oro.

ACTRIZ 4:

Mi abuela hacía una jalea de guayaba muy, muy, muy... mala.

ACTRIZ 2:

Mi abuela no era mala persona. Solo era miedosa. Cuando peleaba con mi abuelo, él la amenazaba con un revólver 38.

ACTRIZ 5:

Mi abuela me daba galletitas de guayaba, a escondidas de mi mamá. Y lo peor del caso era que yo las comía.

ACTRIZ 3:

Mi abuela mataba ratas con agua hirviendo, mientras mis hermanos y yo gritábamos encima de la mesa del comedor.

ACTRIZ 5:

Mi abuela murió a los 98 años.

ACTRIZ 4:
Mi abuela a los 78.

ACTRIZ 1:
Mi abuela, cuando murió, el cuadro que estaba colgado detrás de su cama se cayó al suelo, y se rompió en mil pedazos.

ACTRIZ 4:
Mi abuela me llamó para darme la noticia de la muerte de mi papá. Yo estaba de gira por el interior del estado de São Paulo con una obra. Me dieron ganas de salir corriendo y dejarlo todo. Pero a las 8 de la noche, el telón se abrió, y entré en escena.

ACTRIZ 1:
Mi abuela tomaba caldo de gallina durante cuarenta días seguidos después de haber dado a luz. Ella dio a luz 19 veces.

ACTRIZ 5:
Mi abuela abortó 13 veces.

Escena 1

ACTRIZ 6:
Este es el prólogo de una obra que ya ocurrió y que no fue concebida para la escena, sino para la vida, y nos inspiró a buscar otras historias. Leímos un libro y trajimos a uno de sus personajes a la escena. Oímos historias de un desierto donde se enterraban cuerpos torturados. También descubrimos seis sitios aquí, donde suceden cosas fascinantes... de las que casi nadie ha oído hablar. Todos estos sitios, con esas personas, componen este... encuentro.

Que ya ocurrió en seis sitios diferentes, pero parecidos... diferentes.

Podemos dividirlo en seis bloques. Pero no necesariamente tenemos que seguir esa regla. Podemos mezclar los sitios, las personas, los temas... esta obra no existe. No existe como obra, pero existe como teatro debido a este encuentro con ustedes. Como obra no existe, incluso porque ya ocurrió. Pero como encuentro, sí.

ACTRIZ 3:
Lo único que queda de la obra es la memoria, como cuando uno ve una obra. La obra ya ocurrió y va a seguir ocurriendo en otros sitios y solamente así, por más extraño que parezca, se hace posible que hoy estemos aquí. Tal vez la memoria nos traicione un poco, eso es natural, pero estamos aquí para contarles sobre las experiencias que vivimos en esos sitios. Sobre mujeres inspiradoras.

ACTRIZ 6:
Sobre la vida de esas personas que viven acá, en Río de Janeiro, pero es como si no vivieran. Nadie les pone atención. Nadie conoce la red de protección que proporcionan a otras personas. Nadie ve sus alas. Esta obra, que ya ocurrió, comenzó con una entrevista.

ACTRIZ 3:
Puede parecer contradictorio, pero ustedes verán que es así: contradictorio.

ACTRIZ 4:
Entrevistamos a varias mujeres, de varios colectivos de Río de Janeiro, ciudad donde estamos ahora. Incluso si esta "obra", entre comillas, ocurre en otro sitio, siempre va a hablar de Río de Janeiro, porque hicimos las entrevistas en seis sitios de acá, entonces no hay de otra. Pero ustedes verán que podrían ser historias de otros lugares...inclusive de fuera de Brasil. ¡Ah! También tenemos el personaje del libro y la Mujer del Desierto. ¿Si tenemos algo en común? Sí, ¡vivimos en permanente asombro!

Chelo.

Escena 2

ACTRIZ I/ÚRSULA:
Me pusieron Úrsula, Úrsula Iguarán, pero no me dijeron que viviría más de cien años. Entre 115 y 122 años. Cuando morí, me enterraron en una cajita un poco más grande que una canastilla y muy poca gente fue a mi entierro porque ya casi nadie se acordaba de mí, a pesar de haber vivido a lo largo de siete generaciones. Pero ¿qué se le va a hacer? Mientras más vivimos, más caemos en el olvido. [*final del chelo*]

Y lo van dejando a uno en un rincón, como a un mueble que nadie ya ni mira y se va llenando de polvo. Solo se vive en la memoria de la gente.

Aquí estoy, ciega, y nadie se da cuenta, porque sé moverme por todas partes, y sé que después de mi muerte habrá un ventarrón, ya siento el olor, una polvareda cubrirá todo esto aquí. Y no tendremos otra oportunidad sobre la tierra, a pesar de creer que nos la merecemos. ¿Tanto trabajo para terminar cubiertos así, sin más ni menos?

Aquí estoy, colombiana, brasileña, latinoamericana, siendo arrastrada, consciente de mis límites, sé que no puedo pasar fronteras en bicicleta[1], no puedo salir en bici libremente por ahí... nunca he podido... ¿quién es libre? ¿Quién puede hacerlo?

No enseñé a mis hijos que podíamos ser libres, no enseñé a mis hijas que podíamos ser libres. ¿Quién es libre? ¿Quién puede hacerlo?

Aquí estoy, entre ustedes, que piensan que veo del mismo

---

1. N. de la trad.: Se refiere al asesinato de la artista venezolana Julieta Hernández, en el 2024, cuando viajaba en bici en estado de Amazonas, región norte de Brasil.

modo que ustedes ven. Que piensan que no puedo atravesar tiempos inmemoriales. Que piensan que el tiempo pasa... No, el tiempo no pasa, gira en círculo.

Escena 3

ACTRIZ 2:

MAR, MAR, MAR ... La primera entrevista fue en el MAR –Museo de Arte de Río de Janeiro–, en el centro, en la Plaza Mauá. Allí entrevistamos a *AsMeninasDaGamboa*. Diez *meninas*[2], pero son 15 en total. Quedamos de volver para entrevistar a las otras 5, pero aún no hemos podido. Tenemos que ensayar bastante, hay que hacer muchos trabajos para el día siguiente, muchas composiciones...Bueno, ellas estaban en el museo porque el Galpón Gamboa, donde empezaron su labor hace 12 años, estaba en arreglos. Cada semana una de ellas lleva algo salado o dulce para compartir después de la clase. ¡La clase es de una hora y la fiesta de dos!

ACTRIZ I/ÚRSULA:

Todas las historias son sobre nosotras: Nélida Piñón, Isabel Allende, Conceição Evaristo, Lígia Fagundes Telles, Sor Juana Inez de la Cruz, Leda María Martins, Cida Bento, Ana María Gonçalves, Lélia Gonzales, Silvina Ocampo, Eliane Potiguara, Hilda Hilst, Carolina María de Jesús, Amara Moira, Socorro Acioli y muchas más... Aquí estoy, citándolas de memoria a pesar de mezclar los tiempos. Es necesario construir un mundo "donde nadie pueda decidir por otros hasta la forma de morir (...)"[3] Aquí estoy, viendo fantasmas vivos frente a mí y con ganas de vomitar.

---

2. N. de la Trad.: Niñas. Opté por dejarlo en portugués porque es el nombre propio del colectivo.
3. Fragmento del discurso de Gabriel García Márquez por ocasión de la aceptación del Premio Nobel de Literatura, en 1982.

ACTRIZ 5:
Pobrecita la tatarabuela, murió de vejez...

ACTRIZ 1:
¡Estoy viva!

ACTRIZ 4:
Mírenla, ya ni siquiera respira...

ACTRIZ 1:
¡Estoy hablando!

ACTRIZ 5:
Ya ni siquiera habla... murió como un pajarito...

ACTRIZ 1:
Dios mío, ¿entonces esto es la muerte?

Escena 4

ACTRIZ 3:
AsMeninasDaGamboa tienen entre 65 y 87 años y viven en Gamboa y en Santo Cristo. A lo largo de estos 12 años, tres ya murieron: Pipi, Uiara y Cida

ACTRIZ 2:
Algunas de ellas comenzaron a hacer teatro cuando enviudaron. Antes de eso, sus esposos no las dejaban. Y todas, sin excepción, soñaban ser, además de actrices, bailarinas, pianistas, cantantes, pintoras... pero algunos esposos les prohibían hacer cualquier cosa relacionada con el Arte.

ACTRIZ 5:
El arte no es para mujeres decentes. El arte es para mujeres obscenas.

ACTRIZ 2:
Después de que ellos murieron, ellas pudieron realizar sus sueños.

ACTRIZ 4:
Pero ninguna de ellas es obscena, aunque no habría ningún problema si lo fueran.

ACTRIZ 3:
Ellas son el orgullo de sus hijes, nietes y hasta bisnietes, cuando se presentan en las obras de teatro de fin de año.

Escena 5

ACTRIZ 6/MARCIA:
Hace veinte años siembro árboles. Nunca sola. Bueno, llegué a sembrar uno, un jobo que vino de la Amazonia, pero fue el único. Mi sueño es que me regalen una semilla de ceiba y sembrarla aquí también. ¿Se imaginan? ¿Vivir quinientos años? Después convencí a mis compañeras del Borel a que sembráramos juntas, ¿saben por qué? Para que refresque...Hace mucho calor... Cuando uno llega a la Plaza Saens Peña parece que está entrando a un invernadero, pero al subir a la Usina se siente la diferencia. Corre un vientecito. Fuimos nosotras. Hace 20 años sembramos árboles y cosechamos frescor. Incluso me dieron un título: ¡Guardiana de los Bosques! Les enseñé como hacerlo a los niños que viven acá, y hoy en día ellos son los guardianes pequeños. Y así, vamos creciendo entre colectivos y viendo todo florecer... Eso sin contar los frutos que dan, cada uno en una época diferente, y que atraen a los pajaritos, es muy bonito. Rosangela, mi vecina y yo, sembramos una Pitangatuba al frente de su casa. Él se puso una fiera. Aquí no me vengan a cavar huecos, cuando se vayan voy a arrancar todo eso, ¡ya lo verán! ¡Arránquelo! ¡Arránquelo! ¡Pero arránquelo de frente! ¡A ver si es capaz! [*pausa*] ¡Quedó flechado!

ACTRIZ 5:
¡Eso, Marcia!

TODAS:
¡Bravo! ¡Eso!

ACTRIZ 6/MARCIA:
Nos casamos, tuvimos una hija, Milena, mi vida, que vivió con su papá solo hasta los 4 años, después él se fue en bicicleta y desapareció del mundo. Es libre... Nunca más... No me hace falta, para nada, es un cerdo. ¡Pero para ella él es lo más lindo del mundo! La dejo que crea lo que quiera... ¿Por qué mi papá no ha vuelto? Ah, porque está trabajando... ¿Dónde? Lejos. ¿Lejos dónde? No sé, Milena, mi vida, lejos. ¿Lejos dónde? Lejos, muy lejos. ¿Y cuándo regresa?

Ellas hacen un calentamiento vocal, como en una orquesta.

Escena 6

ACTRIZ 1:

Carmiña estuvo casada con Álvaro durante 53 años. Soñaba ser una concertista, aprendió a tocar piano a los 5 años, porque su abuelo se había ganado un piano de pared en una rifa, pero después que se casó tuvo que dejar de tocar, porque a Álvaro la música le daba jaqueca. ¡Ni los brebajes ni las infusiones surtían efecto! ¡De nada le servían! Me acuerdo de que cuando terminé de hacer esa entrevista quedé trastornada... fui caminando desde el MAR hasta Cinelandia por toda la Avenida Rio Branco y no dejaba de pensar: ¿será que Carmiña se creyó toda esa historia?

ACTRIZ 5/CARMIÑA:

Pobre...pobre... la música le dolía mucho. No podía ni siquiera oír un acorde de sol que inmediatamente me pedía que dejara de tocar. Me dio mucho pesar. No volví a tocar. [*pausa*] Cuando él murió, 53 años después de que nos casamos, fui corriendo al piano, que había estado cubierto todo ese tiempo por un mantel, sin poder casi respirar. Quité los adornitos que decoraban la parte de encima, abrí la tapa y toqué. [*pausa*] Pero los dedos ya no me respondían... mucho tiempo. Creo que él tenía razón, seguramente yo tocaba muy mal. Casi no pude terminar la "Melodía Sentimental", ¿Sabes cuál es, Simone? ¿La "Melodía Sentimental" de Villa-Lobos?

ACTRIZ 6:

Sí, me acuerdo... linda... [*pausa. Canta desafinada*]

Acorda, vem ver a lua / que dorme na noite escura.

ACTRIZ 5/CARMIÑA:
Sí, esa... Mi viejo amigo de madera también sintió el peso de los años. Estaba muy desafinado.

CAROLINA/PIANO
¡Ay, cuidado! Tócame despacito, me duele todo...Estoy en silencio hace 53 años, casi sin poder respirar, cubierto con un mantel horrible, con unos adornitos de mal gusto en la cabeza. ¡Ay, ay, ay! Tengo la voz horrible, cuidado con los dedos, ¡Ay, ay, ay! Me duele... me duele todo. ¡Ya no más! Me está doliendo... ¡Basta! ¡Basta! ¡Basta! ¡Basta! ¡Basta! ¡Se acabó!

ACTRIZ 5/CARMIÑA:
Vendí el piano.

ACTRIZ 1/PIANO:
¡A mi Dios gracias!

ACTRIZ 5/CARMIÑA:
¡Entonces me contaron que existía este curso de teatro! De eso ya hace nueve años...Siempre me sentí una artista. Todos los finales de año, montamos una obra con el profesor Tuniño y la profesora Elisa. Adivinen ¿cuál fue el personaje que hice el primer año, cuando entré? Una pianista. Tocaba un piano imaginario. [*entra el chelo y toca la introducción de "Melodía Sentimental".*] Yo bailaba lindo con los dedos.

ACTRIZ 4:
¿Será que hay que esperar que los esposos mueran para que se creen las bellezas?

ACTRIZ 6:
[*cantando*]
"Acorda, vem ver a lua
Que dorme na noite escura
Que fulge tão bela e branca
Derramando doçura ..."

Escena 7

ACTRIZ 4/MUJER DEL DESIERTO:
Não há dança! Não se pode dançar. No se puede bailar. No se puede bailar en el desierto. No se puede bailar en el desierto de Atacama. No se puede bailar en el desierto de Atacama, en Chile, donde Pinochet torturó, mató y enterró miles de cuerpos durante la dictadura. Allá, mujeres buscan en la inmensidad de la arena, en la inmensidad de ropa amontonada, la basura del mundo, los huesos de sus hijos, hijas, familiares, que se confunden con conchas enterradas en el desierto... Ellas van separando en una bolsita de plástico transparente: un pedazo de la tibia, un pedazo de la costilla, un pedazo del maxilar, un pedazo del húmero, un pedazo de la mandíbula, un pedazo del cráneo, un pedazo del hueso lacrimal... el hueso lagrimal es el hueso más frágil de todos, pero que tiene la función de albergar el saco lagrimal, un huesito que forma el septo y que divide los dos lados de la cavidad nasal. ¡*Os lacrimale*!

Esos huesos ya estuvieron vivos. Ya se rieron, vibraron, lloraron, follaron, parieron... y hoy piden que se les encuentre, para que sus historias sean contadas, ¡para que nunca se olvide, para que no vuelva a ocurrir!

Esta acción permite un cotidiano posible para esas mujeres del desierto, desierto que también llevan por dentro. Y esto es lo que les da sentido a sus existencias. Y a la existencia de las Madres y Abuelas de La Plaza de Mayo, que hace cuarenta años buscan a sus hijas e hijos, nietas y nietos, secuestrados o muertos por la dictadura argentina; a la existencia de las Madres de Acari, conocidas en el mundo entero por su determinación, coraje y osadía para buscar justicia y memoria para sus hijos secuestrados, asesinados, nunca encontrados... pero jamás olvidados. Una búsqueda que puede durar veinte años... cuarenta años... toda una vida... o seis años... para comenzar a entender un asesinato... pero lo vamos a lograr, porque no nos rendimos. Esas mujeres nos inspiran y, así como ellas, seguiremos buscando respuestas... durante horas, días, meses, años, buscando... buscando... buscando... juntas, en una soledad absoluta.

Escena 8

ACTRIZ 3:
Estuve investigando sobre el lugar de origen de las mariposas amarillas y vi en google: las mariposas tienen los ojos de Dios y por eso son consideradas sus espías. Pero aquí, en este caso, las mariposas amarillas no tienen los ojos de Dios. Tienen los ojos del amor. Está bien, Lux, ¿pero Dios no es amor? [pausa] Las mariposas pueden no solo sobrevolar este espacio, sino también posar sobre ustedes generando una epifanía. Por lo menos, una de ustedes saldrá de aquí con ganas de conocer a una de las mujeres de las que estamos hablando. Esperamos que esto suceda aquí hoy. Solamente así, este encuentro tendrá sentido.

ACTRIZ 4/MUJER DEL DESIERTO:
Hablar sobre las mujeres de ese desierto es recordar también a las mujeres de acá, de Río de Janeiro –mariposas que posan y esparcen polen por donde pasan–. Van volando, volando, sin que nadie las vea, pero dejan, por donde pasan, un rastro luminoso.

ACTRIZ 2:
Las mariposas amarillas son un símbolo de transformación de las diferentes fases de la vida. Representan prosperidad, alegría y cambios positivos. También representan el espíritu en muchas culturas de los pueblos originarios. Una leyenda dice que, si le susurras tus deseos a una mariposa, éstos llegarán al Gran Espíritu para que se hagan realidad.

Escena 9

ACTRIZ 6/MARCIA:

Cuando entré a la Aldea Vertical, vi una alameda larga, grande, con muchos árboles fructíferos, en ambos lados, que estaban unidos, amontonados, casi entrelazados. Era algo indescifrable. Niara do Sol me contó que todo aquello es una manera bonita de sembrar, porque ayuda a que el suelo se renueve constantemente. Y que todo eso es de gran valía para los 52 niños que viven allí, porque aprenden a sembrar y a distinguir las frutas de las verduras. Me contó también que un pariente famoso está siempre dando alerta: "la temperatura está subiendo muy rápido, tenemos que mirar hacia la tierra, oír a la tierra." Niara me mostró la Radio Yandé producida allí, en la Aldea: "ayuda a difundir la cultura indígena a partir de su propio punto de vista." Ustedes la pueden escuchar a través de las plataformas digitales. Es gratis. Entré a su apartamento, que es un primer piso, para ver la colección de objetos de varias aldeas, y cuando ella se sentó para conversar conmigo sobre las diferentes maneras de sembrar, había una luz tan linda, que le pregunté si podía tomar una foto. Detrás de ella había un cuadro con un dibujo de una mariposa, pero solo me di cuenta de eso después, cuando estaba escogiendo la foto para mostrársela a ustedes. Ella me contó que su papá, aún hoy, con 98 años, pone el oído en el suelo, y sabe cuántas personas van a llegar. Además, que ella encontraba agua cuando era niña y que donde va, deja una planta. Incluso me dio un consejo: Marcia, cuando no te despiertes bien, no le cocines a nadie porque le hará daño.

Antes de irme le pregunté: Niara, ¿qué significa para ti soñar con mariposas? "Espiritualidad, como si necesitaras despertar. Ah, otra cosa, ten mucho cuidado con el papel, el hombre pone sobre él lo que quiere, no lo que es."

Simone canta melodía a boca cerrada.

Escena 10

ACTRIZ 1:
Además de espiritualidad, soñar con mariposas es señal de buen augurio, mucho amor y felicidad llegando a tu vida. Entonces, anoten ya los números: grupo 4, decenas 13, 14, 15 y 164. ¿Los anotaron?

TODAS:
¡Ashé!

ACTRIZ 1:
¡Las mariposas son las que más han salido!

Cantan el jongo "Ashé de langa"

Oi, langa, que tipoi langa
Didianga me
langa, langa que tipoi langa
Didianga me (bis) (...)

---

4. N. de la trad.: La autora se refiere al *Jogo do Bicho* (Juego del Animal), una especie de lotería informal e ilegal creada en Río de Janeiro, Brasil, en 1892, por el Barón João Batista Viana Drummond para atraer, en dicha época, visitantes al Zoológico. El juego de azar permanece hasta los días actuales y consiste en apostar a uno de los 25 animales que lo componen, entre ellos, la mariposa, el león o el mico. Cada animal es representado por un grupo y cuatro decenas.

Escena 11

ACTRIZ 4:
Dicen que ser mariposa es conocer la importancia del tiempo.

ACTRIZ 3/WESKLA:
El tiempo urge para mí. [*chelo*] Comenzó a contar cuando me expulsaron de mi casa, en Sobral, en el estado de Ceará. Lo único que pensaba era: solo la educación puede cambiar a la ignorancia, que es el padre del prejuicio. Llegué a Río de Janeiro... [*alguien grita: ¡Corre Weskla!*] Llegué a Río de Janeiro, deambulé, obvio, hambre, obvio, violencia, obvio. Hasta que encontré la *Casa Nem*, que ya conocía por internet y por Indianarae Siqueira, que me acogió y me apoyó. Y lo sigue haciendo... [*alguien grita: ¡Corre Weskla!*] Y lo hace con muchas de nosotras...Ella es una potencia y la *Casa Nem* ¡es un sitio fantástico! Todas se ayudan... [*alguien grita: ¡Corre Weskla!*] Todas se ayudan. Nos han desalojado varias veces, la policía llega amedrentando para sacarnos de aquí. ¡Corre Weskla! ¡Corre! ¡Corre Weskla! ¡Corre! ¡Corre Weskla! ¡Corre! ¡Corre Weskla! ¡Corre! Una gritería... nos llevan, nos pegan, nos sueltan... cuando no nos matan. Y la vida sigue, y a nadie le importa. Por eso... [*alguien grita: ¡Corre Weskla!*] Por eso, es importante la movilización. Hay que estudiar. Solo la educación cambia la vida. Indianarae creó el *Prepara Nem*, un curso preparatorio para el ENEM, que queda al lado del Castelinho, en el barrio Flamengo y también hay otro en la favela Maré, que nos hacen soñar con el día en que la ignorancia abra paso al acogimiento. ¡Lo que necesitamos es una oportunidad! Gracias al curso *Prepara Nem*, hoy estoy haciendo una maestría. ¡Aplausos!

Chelo.

Escena 12

ACTRIZ 2:
Mi abuela hacía la mejor torta de galletas y chocolate del mundo.

ACTRIZ 5:
Minha avó fazia o melhor arroz doce do mundo.

ACTRIZ 3:
Mi abuela hacía la mejor mazamorra con maní del mundo.

ACTRIZ 4:
Mi abuela tenía la sonrisa más linda del mundo.

ACTRIZ 1:
Mi abuela tenía caja de dientes.

ACTRIZ 6:
Mi abuela tuvo un hijo detenido por la Dictadura Militar.

ACTRIZ 4:
Mi abuela tuvo un hijo alcohólico.

ACTRIZ 3:
Minha avó teve um filho que se suicidou.

ACTRIZ 5:
Mi abuela tuvo un nieto que se suicidó.

ACTRIZ 1:
Mi abuela se despertó asustada en una madrugada de 1948, cuando tuvo que reconocer el cuerpo de su marido, asesinado por un tiro, mientras trataba de separar una pelea entre dos hombres. Dos meses antes, el candidato a la presidencia de Colombia, Jorge Eliécer Gaitán, fue asesinado a sangre fría en el centro de Bogotá. Este hecho es fundamental para entender la historia del conflicto armado en Colombia.

ACTRIZ 4:
Mi abuela se enamoró de los ojos azules de mi abuelo. Pero no tuvo ningún hijo de ojos azules. Y tuvo 19.

ACTRIZ 6:
Mi abuela leía romances de caballería. Como homenaje, le puso a su hija el nombre de un personaje triste, que sufría mucho.

ACTRIZ 2:
Mi abuela me dejó un secreto que lo sigo usando cuando preparo *feijoada*.

Escena 13

ACTRIZ 2/TÍA CIDA:
Todos los viernes esto aquí se llena...La fila va bajando hasta el comienzo de la Calle Cándido Mendes, ¡porque mi *feijoada* es considerada la mejor de Río de Janeiro!

ACTRIZ 1:
¿Qué día se llena?

ACTRIZ 2/TÍA CIDA:
Todos los viernes.

ACTRIZ 4:
¿Cuál es la dirección?

ACTRIZ 2/TÍA CIDA:
Calle Cándido Mendes, 320, Gloria.

ACTRIZ 6:
¿Dan descuento?

ACTRIZ 2/TÍA CIDA:
Diez por ciento de descuento.

ACTRIZ 3:
¿Cómo se llama el *quilombo*?

ACTRIZ 2/TÍA CIDA:
Quilombo Ferreira Diniz.

ACTRIZ 5:
¿De qué año es esta casa?

ACTRIZ 2/TÍA CIDA:
De 1912.

ACTRIZ 4:
¿Cuántos años tiene el quilombo?

ACTRIZ 2/TÍA CIDA:
Más de setenta años.

ACTRIZ 5:
¿Y ustedes cuándo llegaron?

ACTRIZ 2/TÍA CIDA:
Hace 25 años.

ACTRIZ 3:
¿Tienes hijos?

ACTRIZ 2/TÍA CIDA:
Tengo dos hijos hermosos.

ACTRIZ 1:
¿Dan descuento?

ACTRIZ 2/TÍA CIDA:
Diez por ciento de descuento.

ACTRIZ 4:
¿Ustedes tienen el certificado?[5]

ACTRIZ 2/TÍA CIDA:
Solo lo conseguimos en el 2023.

ACTRIZ 5:
¿Cuántas familias viven aquí?

ACTRIZ 2/TÍA CIDA:
Doce familias.

ACTRIZ 6:
¿Qué día se llena?

ACTRIZ 2/TÍA CIDA:
Todos los viernes.

ACTRIZ 3:
¿Y el papá de tus hijos?

ACTRIZ 2/TÍA CIDA:
Desapareció del mundo. [*Simone ríe*]

ACTRIZ 4:
¿Hace cuánto ustedes están aquí?

---

[5]. N. de la Trad.: Certificado expedido por la Fundación Palmares que reconoce el territorio como *quilombo* (ver glosario) remanente.

ACTRIZ 2/TÍA CIDA:
Hace 25 años.

ACTRIZ 1:
¿Hay que llegar temprano?

ACTRIZ 2/TÍA CIDA:
Sí, la fila llega hasta el comienzo de la Calle Cándido Mendes.

ACTRIZ 6:
Menos mal eres tranquila...

ACTRIZ 2/TÍA CIDA:
¡Para nada! ¡Me encanta el trajín!

ACTRIZ 4:
¿Cómo se llama el quilombo?

ACTRIZ 2/TÍA CIDA:
Quilombo Ferreira Diniz.

ACTRIZ 5:
¿Cómo la gente supo de este quilombo?

ACTRIZ 2/TÍA CIDA:
Por mi *feijoada*.

ACTRIZ 4:
¿Y el papá de tus hijos?

ACTRIZ 2/TÍA CIDA:
Desapareció del mundo. [*Simone ríe*]

ACTRIZ 1:
¿De qué año es la casa?

ACTRIZ 2/TÍA CIDA:
De 1912.

ACTRIZ 6:
Debe ser difícil encargarte de todo esto tu sola…

ACTRIZ 2/TÍA CIDA:
Yo siempre digo que tenemos que cuidar lo que es nuestro.

ACTRIZ 4:
¿Y cómo la gente supo de este quilombo?

ACTRIZ 2/TÍA CIDA:
Por mi *feijoada*. La comida une a la gente.

ACTRIZ 5:
¿Y cómo la gente supo de este quilombo?

ACTRIZ 2/TÍA CIDA:
Por mi *feijoada*. Y también por una entrevista que mi hicieron.

ACTRIZ 3:
¿La clientela aumentó?

ACTRIZ 2/TÍA CIDA:
¡Mi niña, aumentó de 50 a 250!

ACTRIZ 5:
¿Y el papá de tus hijos?

ACTRIZ 2/TÍA CIDA:
Desapareció del mundo [*Simone ríe*] ¿Será que mi marido se puso de acuerdo con el tuyo, Marcia?

ACTRIZ 6:
Como si fuera una cosa rara, ¿verdad, Cida?

ACTRIZ 2/TÍA CIDA:
¿Quieres que te diga algo? ¡Para mí, fue un alivio... me liberé!

ACTRIZ 1:
¿Y tu familia?

ACTRIZ 2/TÍA CIDA:
Mi papá murió y mi mamá quedó con cinco hijos pequeños, en Minas Gerais.

ACTRIZ 5:
¿Y después?

ACTRIZ 2/TÍA CIDA:
Después nos vinimos a Rio de Janeiro y mi mamá me exigió que estudiara. ¡Menos mal!

ACTRIZ 6:
¿A los cuántos años comenzaste a estudiar?

ACTRIZ 2/TÍA CIDA:
A los 21 años. Después que tuve mi segundo hijo.

ACTRIZ 3:
¿Y tus hijos qué hacen?

ACTRIZ 2/TÍA CIDA:
Trabajan en teatro.

ACTRIZ 4:
¿Has ido a teatro?

ACTRIZ 2/TÍA CIDA:
Fui a ver actuar a mi hijo.

ACTRIZ 3:
¿Has ido a teatro?

ACTRIZ 2/TÍA CIDA:
Fui a ver actuar a mi hijo. El mejor actor que he visto en escena.

ACTRIZ 5:
¿Has ido a teatro?

ACTRIZ 2/TÍA CIDA:
Fui a ver actuar a mi hijo. Y llevé a todos los del quilombo.

ACTRIZ 1:
¿De dónde viene esa vocación?

ACTRIZ 2/TÍA CIDA:
¡De su mamá! Además de cocinera, soy actriz.

ACTRIZ 4:
¿Y el papá de tus hijos?

ACTRIZ 2/TÍA CIDA:
Desapareció del mundo. [*Simone ríe*]

ACTRIZ 1:
¿Y el papá de tus hijos?

ACTRIZ 2/TÍA CIDA:
Desapareció del mundo. [*Simone ríe*]

ACTRIZ 5:
¿Y el papá de tus hijos?

ACTRIZ 2/TÍA CIDA:
Desapareció del mundo. [*Simone ríe*]

ACTRIZ 3:
¿Y el papá de tus hijos?

ACTRIZ 2/TÍA CIDA:
Desapareció del mundo. [*Simone ríe*] Se fue en bicicleta y ...él es libre.

Simone toca castañuelas.

Escena 14

ACTRIZ 5:
"Somos hermanassss, somos amigassss, somos mujeressss"

ACTRIZ 1:
¿Y eso qué diablos es?

ACTRIZ 5:
¿Ustedes no ven telenovelas?

ACTRIZ 1:
¡Bastante!

ACTRIZ 6:
Esa frase se volvió famosa porque se silba mucho la "S". Me muero de la risa cada vez que alguien lo recuerda…le hicieron un meme, un *meme remix*.

ACTRIZ 1:
Siempre que voy a pelar verduras para preparar los almuerzos del día siguiente, me siento con mi ponchera al frente de la televisión: veo la telenovela de las 6, la de las 7, la de las 8 –que es el noticiero–, la de las 9. Pero no me acordaba de esa bendita frase.

ACTRIZ 5:
Menos mal que hay muchas telenovelas, sino no lograríamos hacerlo, de verdad. El otro día descubrí que aquí, en la cocina solidaria, ya entregamos más de dos millones y medio de comidas a personas en situación de vulnerabilidad social. Yo ni siquiera sabía decir esa palabra: ¡vulnerabilidad!

ACTRIZ 3:

Exactamente, aquí estamos distribuyendo almuerzos gratuitos. ¿Ustedes saben cuántas cocinas solidarias hay en Brasil? Cuarenta y siete. ¿Son pocas? Sí. Pero algo es algo.

ACTRIZ 1:

¡Aumentemos esa cifra! Mientras más donaciones, más podemos hacer. Pero dependemos de las contribuciones para preparar más comidas.

ACTRIZ 4:

Mi sobrina Mariana quiere ayudar. ¿Necesitan voluntarias?

ACTRIZ 5:

¡Siempre!

ACTRIZ 1:

¡Ella puede ayudarnos a organizar las filas! Dejamos entrar primero a los más pequeños para que se entretengan con los juguetes.

ACTRIZ 2:

Yo puedo ser responsable por la organización de las cajas de los almuerzos y por la entrega. El otro día me conmoví cuando le entregué el almuerzo a un señor de edad y le pregunté, como siempre, cómo se llamaba. Él me dijo: "Ay... hace mucho nadie me pregunta mi nombre."

ACTRIZ 3:

Más allá de la comida, la cocina tiene la misma cualidad del sueño, de acoger a las personas, de humanidad, de transformación. Por ese motivo, sabemos que servir comida es tan solo una de nuestras tareas.

ACTRIZ 6:
Siempre que servimos sopa, llega un niño o una niña y le pide a una de mis compañeras, o a mí, para repetir, diciendo que es para la cena. Pero nosotras ya sabemos que esa es la única comida que hacen al día. Por eso, no podemos parar...

ACTRIZ 4:
Supe que, en una de las cocinas solidarias de Fortaleza, están ofreciendo talleres culturales de *capoeira*6, pintura. ¿No podríamos hacer algo parecido aquí en Lapa?

ACTRIZ 1:
¡Claro! He pensado hacer una actividad de lectura para niños. El combo sería completo: merienda + libro.

Pausa.

ACTRIZ 1/ÚRSULA:
Me pusieron Úrsula, Úrsula Iguarán, pero no me dijeron que viviría más de cien años. Entre 115 y 122 años. Soy una mujer atemporal. Nunca me sometí a nadie. Siempre enfrenté con la cabeza en alto a militares, empresarios, charlatanes y hombres

---

6. N. de la Trad.: La *capoeira* es una expresión cultural de origen africano, símbolo de resistencia y libertad, que mezcla arte marcial, lucha, danza, percusión, canto, acrobacia, juego, entre otras manifestaciones. La capoeira fue declarada patrimonio inmaterial de la humanidad en 2014 por la Organización de las Naciones Unidas para la Educación, la Ciencia y la Cultura (UNESCO).

más fuertes que yo. Soy una mujer de nervios inquebrantables, pareciera que estoy en todas partes desde el amanecer hasta muy entrada la noche. Soy una mujer resistente y de fibra, nunca me rendí a nada, hasta los últimos momentos de mi vejez. No importa si soy tan solo un personaje, lo que importa es que voy enfrentando los dilemas que se me presentan a cada nueva página y generación.

Escena 15

La entrevista

1) ¿Ya soñaste con mariposas?

WESKLA:
¿Quieres café?

MUJER DEL DESIERTO:
No. Sueño con encontrar una osamenta completa.

TÍA CIDA:
Nunca soñé... pero la mujer es portadora de noticias, ilumina la vida de las demás.

ÚRSULA:
Hay galletitas de guayaba, ¿quieres?

MARCIA:
¿Quieres jugo de mango o de mandarina? El que quieras.

CARMIÑA:
Me cuesta soñar...

ÚRSULA:
Veo todo el tiempo... la locura... son miles.

WESKLA:
Hice una torta también, ¿quieres?

MARCIA:
Veo bastantes, aquí hay muchas... y siempre amarillas.

MUJER DEL DESIERTO:
¿Quieres agua?

WESKLA:
¡Sí! Para mi significa libertad, transformación... Es más, es el símbolo de Antra.

TÍA CIDA:
Hay *feijoada* ¿quieres?

CARMIÑA:
Hice kibbe al horno, ¿quieres?

2) ¿Qué era lo que más te gustaba hacer cuando eras una niña?

TÍA CIDA:
Bañarme con una manguera.

MUJER DEL DESIERTO:
¿Cuándo era niña? Ay... no me acuerdo...

ÚRSULA:
Nunca fui niña.

WESKLA:
Me gustaba jugar a que cantaba en una banda.

MARCIA:
Sembraba flores del campo.

CARMIÑA:
Hacía muñecas con las mazorcas de maíz.

3) ¿Con qué sueñas?

MARCIA:
Quiero terminar la universidad, que me tocó dejar de lado después que se murió mi hija. Quiero ser una jueza para obligar a los padres a que paguen la pensión.

WESKLA:
Sueño con muchas casas de acogida en Brasil.

TÍA CIDA:
Quiero trabajar como actriz. Me gradué en la Escuela de Teatro Martins Penna, pero no pude seguir adelante para poder criar a mis hijos. Uno de ellos se graduó como actor, eso para mí es un sueño hecho realidad.

CARMIÑA:
Hacer un concierto en el Theatro Municipal, pero con un piano imaginario.

MUJER DEL DESIERTO:
Que no vuelva a ocurrir. Que la libertad sea una acción y no una palabra.

ÚRSULA:
Sueño con tener un spin-off: La vida de Úrsula después de su muerte.

4) ¿Crees que las mujeres pueden cambiar la vida de un lugar?

MUJER DEL DESIERTO:
¡Deben hacerlo!

ÚRSULA:
Siempre lo han hecho.

TÍA CIDA:
Creo que sí pueden.

WESKLA:
Sí, incluso pueden cambiar la mentalidad de un lugar.

MARCIA:
Lo hago desde hace 20 años...

CARMIÑA:
Sería muy bueno...

ÚRSULA:
Vamos haciéndolo poco a poco... si lo deshacen... comenzamos otra vez.

Escena 16

Simone canta con chelo "Las Hermanas".

ACTRIZ 6:
Esta es una obra que ya ocurrió y que no fue concebida para la escena, sino para la vida, y nos inspiró a buscar otras historias. Leímos un libro y trajimos a uno de sus personajes a la escena Oímos historias de un desierto donde se enterraban cuerpos torturados. También descubrimos seis sitios aquí, donde suceden cosas fascinantes... de las que casi nadie ha oído hablar. Todos esos sitios, con esas personas, componen este encuentro. [*final del chelo*] Encuentro que nos da coraje para seguir adelante, radicalmente vivas. [*final de "Las Hermanas"*]

Entra en fade in el vallenato "Mercedes."

Todas bailan y salen de escena.

FIN

Glossário

AsMeninasDaGamboa: Grupo de vinte atrizes 60+ que, em 2009, começou a fazer teatro no curso ministrado pela diretora Inez Viana no Galpão Gamboa, espaço cultural da Zona Portuária do Rio de Janeiro, depois que se aposentaram ou que seus maridos morreram.

Aldeia Vertical: Localizada na rua Frei Caneca, 441, no bairro do Estácio, Centro do Rio de Janeiro, é uma espécie de "aldeia urbana" onde, em um dos cinquenta prédios, precisamente no Bloco 15, vivem vinte famílias indígenas, de origem pluriétnica, oriundas do movimento da Aldeia Maracanã.

Guardiãs das Matas do Borel: Assim como Ana Marcia Rodrigues, outras mulheres ganharam esse título da Prefeitura do Rio por ajudarem a preservar Mata Atlântica e por plantarem mudas de árvores nos seus entornos.

Prepara Nem: Curso preparatório para o Enem, criado por Indianarae Siqueira, para pessoas trans e travestis.

Quilombo Ferreira Diniz: Quilombo criado desde os anos 1950, situado na Glória, na rua Cândido Mendes, 320, Rio de Janeiro, onde, às sextas-feiras, há a famosa feijoada da Tia Cida.

Cozinha Solidária: Criadas pelo MTST, o projeto tem o propósito de ajudar a combater a fome no Brasil. Até setembro de 2024, existem 47 Cozinhas Solidárias que oferecem alimentação gratuita, rica em nutrientes e cheia de afeto para as periferias do Brasil e para pessoas em situação de vulnerabilidade social. É o resultado do trabalho voluntário e das doações de diversas pessoas que acreditam na ação coletiva para um mundo melhor.

Glosario

AsMeninasDaGamboa [LasChicasdeGamboa]: Grupo de veinte actrices de más de 60 años que, desde el 2009, hace clases de teatro en un curso impartido por la directora Inez Viana en el Galpón Gamboa, espacio cultural de la Zona Portuaria de Río de Janeiro. Las mujeres del colectivo empezaron a hacer teatro después de que enviudaron o se jubilaron.

Aldeia Vertical [Aldea Vertical]: Ubicada en la Calle Frei Caneca N° 441, en el barrio Estácio, centro de Río de Janeiro, es una especie de "aldea urbana". En uno de sus 50 edificios, exactamente en el Bloque 15, viven 20 familias indígenas de origen pluriétnico, provenientes del movimiento Aldea Maracanã.

Guardiãs das Matas do Borel [Guardianas de los Bosques de la favela Morro de Borel]: Título otorgado por la Alcaldía de Río de Janeiro a Ana Marcia Rodrigues y a otras mujeres por su contribución a evitar la deforestación del Bosque Atlántico y por sembrar árboles en su entorno.

Prepara Nem: Curso de preparación al Enem –prueba que evalúa los conocimientos y habilidades de los estudiantes al final de la educación secundaria, que posibilita el ingreso a las universidades brasileñas– creado por Indianarae Siqueira dirigido a personas trans y travestis.

Quilombo Ferreira Diniz: Quilombo –comunidad formada por descendientes de africanos esclavizados, que mantienen tradiciones culturales, sociales e históricas vinculadas a la resistencia contra la esclavitud y la lucha por derechos territoriales en Brasil– fundado en los años 50, en la Calle Cándido Mendes N° 320, en el barrio Gloria, Río de Janeiro, donde los viernes se prepara la famosa *feijoada* de la Tía Cida.

Cozinha Solidária [Cocina Solidaria]: proyecto fundado por el MTST, Movimiento de los Trabajadores sin Techo, su objetivo es combatir el hambre en Brasil. Hasta septiembre del 2024 se han contabilizado 47 Cocinas Solidarias que ofrecen una alimentación gratuita, rica en nutrientes y llena de afecto a las periferias de Brasil y a las personas en situación de vulnerabilidad social. Este proyecto es posible gracias al trabajo voluntario y a las donaciones de personas comprometidas con acciones colectivas por un mundo mejor.

CIP-BRASIL. CATALOGAÇÃO NA PUBLICAÇÃO
SINDICATO NACIONAL DOS EDITORES DE LIVROS, RJ

V667m

Viana, Inez, 1965-

Mariposas amarillas / Inez Viana. - 1. ed. - Rio de Janeiro : Cobogó, 2025.

128 p. ; 19 cm. (Dramaturgia)

ISBN 978-65-5691-162-5

1. Teatro brasileiro. I. Título. II. Série.

25-95956   CDD: 869.2
             CDU: 82-2(81)

Gabriela Faray Ferreira Lopes - Bibliotecária - CRB-7/6643

© Editora de Livros Cobogó, 2025

Editora-chefe
Isabel Diegues

Editora
Julia Barbosa

Coordenação de produção
Melina Bial

Assistente de produção
Priscilla Kern

Versão
Carolina Virgüez

Revisão de versão
Ibi Monte

Consultor de versão
Andrés Pedraza Tabares

Revisão final
Carolina Falcão

Projeto gráfico de miolo e diagramação
Mari Taboada

Capa
Felipe Braga

Foto [p. 7]
Rodrigo Menezes

A opinião dos autores deste livro não reflete necessariamente a opinião da Editora Cobogó.

Nenhuma parte desta obra pode ser reproduzida, adaptada, encenada, registrada em imagem e/ou som, ou transmitida de nenhuma forma ou por nenhum meio, sem a permissão expressa e por escrito da Editora Cobogó.

Todos os direitos reservados à
Editora de Livros Cobogó Ltda.
Rua Gen. Dionísio, 53, Humaitá
Rio de Janeiro – RJ – Brasil – 22271-050
www.cobogo.com.br

COLEÇÃO DRAMATURGIA

ALGUÉM ACABA DE MORRER LÁ FORA, de Jô Bilac

NINGUÉM FALOU QUE SERIA FÁCIL, de Felipe Rocha

TRABALHOS DE AMORES QUASE PERDIDOS, de Pedro Brício

NEM UM DIA SE PASSA SEM NOTÍCIAS SUAS, de Daniela Pereira de Carvalho

OS ESTONIANOS, de Julia Spadaccini

PONTO DE FUGA, de Rodrigo Nogueira

POR ELISE, de Grace Passô

MARCHA PARA ZENTURO, de Grace Passô

AMORES SURDOS, de Grace Passô

CONGRESSO INTERNACIONAL DO MEDO, de Grace Passô

A PRIMEIRA VISTA | IN ON IT, de Daniel MacIvor

INCÊNDIOS, de Wajdi Mouawad

CINE MONSTRO, de Daniel MacIvor

CONSELHO DE CLASSE, de Jô Bilac

CARA DE CAVALO, de Pedro Kosovski

GARRAS CURVAS E UM CANTO SEDUTOR, de Daniele Avila Small

OS MAMUTES, de Jô Bilac

INFÂNCIA, TIROS E PLUMAS, de Jô Bilac

NEM MESMO TODO O OCEANO, adaptação de Inez Viana do romance de Alcione Araújo

NÔMADES, de Marcio Abreu e Patrick Pessoa

CARANGUEJO OVERDRIVE, de Pedro Kosovski

BR-TRANS, de Silvero Pereira

KRUM, de Hanoch Levin

MARÉ/PROJETO bRASIL, de Marcio Abreu

AS PALAVRAS E AS COISAS, de Pedro Brício

MATA TEU PAI, de Grace Passô

ÃRRÃ, de Vinicius Calderoni

JANIS, de Diogo Liberano

NÃO NEM NADA, de Vinicius Calderoni

CHORUME, de Vinicius Calderoni

GUANABARA CANIBAL, de Pedro Kosovski

TOM NA FAZENDA, de Michel Marc Bouchard

OS ARQUEÓLOGOS, de Vinicius Calderoni

ESCUTA!, de Francisco Ohana

ROSE, de Cecilia Ripoll

O ENIGMA DO BOM DIA, de Olga Almeida

A ÚLTIMA PEÇA, de Inez Viana

BURAQUINHOS OU O VENTO É INIMIGO DO PICUMÃ, de Jhonny Salaberg

PASSARINHO, de Ana Kutner

INSETOS, de Jô Bilac

A TROPA, de Gustavo Pinheiro

A GARAGEM, de Felipe Haiut

SILÊNCIO.DOC, de Marcelo Varzea

PRETO, de Grace Passô, Marcio Abreu e Nadja Naira

MARTA, ROSA E JOÃO, de Malu Galli

MATO CHEIO, de Carcaça de Poéticas Negras

YELLOW BASTARD, de Diogo Liberano

SINFONIA SONHO, de Diogo Liberano

SÓ PERCEBO QUE ESTOU CORRENDO QUANDO VEJO QUE ESTOU CAINDO, de Lane Lopes

SAIA, de Marcéli Torquato

DESCULPE O TRANSTORNO, de Jonatan Magella

TUKANKÁTON + O TERCEIRO SINAL, de Otávio Frias Filho

SUELEN NARA IAN, de Luisa Arraes

SÍSIFO, de Gregorio Duvivier e Vinicius Calderoni

HOJE NÃO SAIO DAQUI, de Cia Marginal e Jô Bilac

PARTO PAVILHÃO, de Jhonny Salaberg

A MULHER ARRASTADA, de Diones Camargo

CÉREBRO_CORAÇÃO, de Mariana Lima

O DEBATE, de Guel Arraes e Jorge Furtado

BICHOS DANÇANTES, de Alex Neoral

A ÁRVORE, de Sílvia Gomez

CÃO GELADO, de Filipe Isensee

PRA ONDE QUER QUE EU VÁ SERÁ EXÍLIO, de Suzana Velasco

DAS DORES, de Marcos Bassini

VOZES FEMININAS — NÃO EU, PASSOS, CADÊNCIA, de Samuel Beckett

PLAY BECKETT — UMA PANTOMIMA E TRÊS DRAMATÍCULOS (ATO SEM PALAVRAS II | COMÉDIA/PLAY | CATÁSTROFE | IMPROVISO DE OHIO), de Samuel Beckett

MACACOS — MONÓLOGO EM 9 EPISÓDIOS E 1 ATO, de Clayton Nascimento

A LISTA, de Gustavo Pinheiro

SEM PALAVRAS, de Marcio Abreu

CRUCIAL DOIS UM, de Paulo Scott

MUSEU NACIONAL
[TODAS AS VOZES DO FOGO],
de Vinicius Calderoni

KING KONG FRAN,
de Rafaela Azevedo e Pedro Brício

PARTIDA, de Inez Viana

AS LÁGRIMAS AMARGAS
DE PETRA VON KANT,
de Rainer Werner Fassbinder

AZIRA'I — UM MUSICAL DE
MEMÓRIAS, de Zahỳ Tentehar
e Duda Rios

SELVAGEM, de Felipe Haiut

DOIS DE NÓS,
de Gustavo Pinheiro

UM JARDIM PARA TCHEKHOV,
de Pedro Brício

SETE MINUTOS,
de Antonio Fagundes

LADY TEMPESTADE,
de Sílvia Gomez

NÃO ME ENTREGO,
NÃO!, de Flávio Marinho

COLEÇÃO DRAMATURGIA ESPANHOLA

A PAZ PERPÉTUA, de Juan Mayorga |
Tradução Aderbal Freire-Filho

ATRA BÍLIS, de Laila Ripoll |
Tradução Hugo Rodas

CACHORRO MORTO NA LAVANDERIA:
OS FORTES, de Angélica Liddell |
Tradução Beatriz Sayad

CLIFF (PRECIPÍCIO), de José Alberto
Conejero | Tradução Fernando
Yamamoto

DENTRO DA TERRA, de Paco Bezerra |
Tradução Roberto Alvim

MÜNCHAUSEN, de Lucía Vilanova |
Tradução Pedro Brício

NN12, de Gracia Morales |
Tradução Gilberto Gawronski

O PRINCÍPIO DE ARQUIMEDES,
de Josep Maria Miró i Coromina |
Tradução Luís Artur Nunes

OS CORPOS PERDIDOS, de José Manuel
Mora | Tradução Cibele Forjaz

APRÈS MOI, LE DÉLUGE (DEPOIS DE
MIM, O DILÚVIO), de Lluïsa Cunillé |
Tradução Marcio Meirelles

COLEÇÃO DRAMATURGIA FRANCESA

É A VIDA, de Mohamed El Khatib | Tradução Gabriel F.

FIZ BEM?, de Pauline Sales | Tradução Pedro Kosovski

ONDE E QUANDO NÓS MORREMOS, de Riad Gahmi | Tradução Grupo Carmin

PULVERIZADOS, de Alexandra Badea | Tradução Marcio Abreu

EU CARREGUEI MEU PAI SOBRE MEUS OMBROS, de Fabrice Melquiot | Tradução Alexandre Dal Farra

HOMENS QUE CAEM, de Marion Aubert | Tradução Renato Forin Jr.

PUNHOS, de Pauline Peyrade | Tradução Grace Passô

QUEIMADURAS, de Hubert Colas | Tradução Jezebel De Carli

COLEÇÃO DRAMATURGIA HOLANDESA

EU NÃO VOU FAZER MEDEIA, de Magne van den Berg | Tradução Jonathan Andrade

RESSACA DE PALAVRAS, de Frank Siera | Tradução Cris Larin

PLANETA TUDO, de Esther Gerritsen | Tradução Ivam Cabral e Rodolfo García Vázquez

NO CANAL À ESQUERDA, de Alex van Warmerdam | Tradução Giovana Soar

A NAÇÃO — UMA PEÇA EM SEIS EPISÓDIOS, de Eric de Vroedt | Tradução Newton Moreno

2025

1ª impressão

Este livro foi composto em Calluna.
Impresso pela IMOS Gráfica e Editora,
sobre papel Pólen Natural 80 g/m².